大学・改革・笑い学

学長・坂井東洋男の大学活性論

坂井 東洋男
追手門学院大学 編纂委員会
［編］

追手門学院大学出版会

目次

9　坂井学長の思い出　165
北おおさか信用金庫　特別顧問　大木　令司
通天閣観光株式会社　代表取締役社長　西上　雅章
株式会社フジオフードシステム　代表取締役社長　藤尾　政弘
トップ金属工業株式会社　代表取締役　林田　隆行
追手門学院　総務室長　迫田　実
追手門学院大学　副学長　真銅　正宏

あとがき　185

略年譜　189

改革の10年（略史）　195

坂井東洋男 前学長に感謝

追手門学院　理事長
追手門学院大学　学長　川原　俊明

坂井東洋男先生は、魯迅研究の第一人者であり、京都産業大学では長年学長をされておられました。そのご経験を本学に生かしてもらいたい、との大木前理事長の熱意が伝わり、本学でのご就任が実現しました。坂井先生には、専務理事、その後、大学長としてご就任いただき、本学を支えていただいてきたことに感謝申し上げたいと存じます。折りしも、本学が志願者数の停滞で苦しみ、立て直しを模索しようとしている時期でした。今から思えば、まさに「火中の栗を拾う」という表現が適切なほどに「頼りがいのある助っ人」だったのです。

本学の先進的なガバナンス改革を実現する特効薬が、理事長の「劇薬」と、学長の「漢方」と大学関係者から評価されるほどに名コンビであり、様々な改革が実現できたことも、坂井先生が学長としておられたからこそ、と言うことができます。わずかな年齢差とはいえ、年長者の坂井先生が、理事長の立場にある年少者の私をたえず引き立てて、あらゆる場面で応援していただいたことは、教育機関に身を置いたことがなかった私にとって、大きなご支援であったと、改めて感謝申し上げます。私立大学連盟での会合で、多くの大学関係者をご紹介していただけたことは、その後の私にとって、大学人の人脈形成という意味で大きな財産となりました。

坂井先生は、若者が大好きでした。坂井先生と私の二人で実施した「学生とのランチミーティング」では、多くの学生から、生の声を聞くのも私たちにとって大きな楽しみの一つでした。キャンパス内での学生に限りません。ご自宅とされていたマンションの隣に住むお孫さんのような小さな子供さんとの交流のお話も、学生食堂での楽しい話題の一つでした。もちろんご自身のお孫さんの一人が、空手を習っておられる元気な様子も、会話に頻繁に出てきました。おかげで、私自身、何度もそのお孫さんと会っているような錯覚にとらわれています。また「おうてもんがくいんこども園」の園児たちが、大学キャンパスのグラウンド見学にやってきたときの園児との戯れも、楽しそうでした。

また、坂井先生の人物像を知る上で大事なポイントは「胃袋全摘」です。おかげで、ビール以外の日本酒・ウイスキーを大量飲酒される上に、ヘビースモーカーという豪傑ぶり。キャンパス内に設けられた限られた喫煙コーナーでの教職員や学生とのコ（飲）ミュニケーション。これを通じ、坂井先生から伝えていただいた内容は、喫煙と無縁（煙）の私にとって貴重な情報源でした。

坂井先生の、もう一つの特徴は人脈の広さ。特にお笑い系への造詣の深さが人脈の広さにもつながっているのでしょう。「笑い」が単なる表情の一つにとどまらず、学問的な位置付けをすべく笑学研究所の立ち上げに貢献されたのは、坂井先生の大きな功績の一つでした。来たるべき「笑学部」

設立に向けての布石です。

２０１６年3月、坂井先生が学長を退任されるにあたり、私に助言された言葉があります。それは、「怒ったらあかん」。「怒るより褒める」。これが人の成長を促すのに効果的だそうで、坂井先生からの教えの一つとして、私は胸に刻んでいます。

２０１８年は学院創立１３０周年。２０１９年4月開校予定の新キャンパス展開を踏まえて、本学は次のステップを歩む必要があります。学事顧問としての坂井先生には、まだまだお知恵を拝借する必要が多々あり、今後も頼りにさせていただきたいと思います。

本書の出版が、学院の歴史の一角を飾り、多くの方々が、坂井東洋男先生のお人柄とともに、ご功績を振り返る良い機会になれば、と念じています。

1. 入学式　式辞

２０１３年４月　入学式　式辞　（学長就任後　初の入学式）

新入生のみなさん、入学おめでとうございます。

ご来賓の皆様とともに、教職員一同、皆さんの入学を心から歓迎いたします。

ご家族の皆様、関係者の皆様にも、心からお慶び申しあげます。

追手門学院大学が茨木の、この安威の地に創設されたのは47年前、１９６６年ですが、追手門学院そのものの産声はいまを遡る１２５年前、明治21年、大阪城に隣接する、西日本最初の私立小学校の創設がそれです。

以来、悠久の歴史を刻んで、いまや0歳児のこども園、幼稚園から大学院まで、その全てを擁する、輝ける総合学園にまで発展するに至りました。

私学にはそれぞれの憲法にあたる建学の精神があります。どのような学生を育成するのか、その理念・志を述べたものですが、追手門学院が掲げているのは「独立自彊・社会有為」です。

学生時代に、冷静沈着な判断力、思考力や行動力を身につけ、礼節をわきまえて、日本社会の平和と幸福のために力を尽くせる人間になってもらいたい。平たく言えば、これが本学の建学の精神ですが、そのためには、まず、この学生時代に自分が将来何者になるか、目標や「志」を立てて励んでいただきたい。

この後ろには、追手門学院の学院旗とともに、国旗日の丸が掲げられていますが、将来、皆さんが日本社会の平和と幸福のために有為の人間になってもらいたいとの念願を込めてのことです。本日の式典の冒頭で、国歌君が代を斉唱したのも同じ趣旨からです。

海外からの留学生もたくさんいらっしゃいますが、それぞれの母国と日本との平和と幸福の架け橋を願っているものと読み替えていただければ幸いです。

皆さんの年頃、10代の終わりから20代前半にかけては、人生でいちばん多感かつ重要な時期です。この時期をどのような思いをもって過ごすか、その過ごし方いかんが将来の人生を決すると言っても過言ではありません。

学生時代に、自分が将来こういう人間になりたいと強く念願し、そのために力を尽くしたことは、その念願が成就できたか否かにかかわらず、その後の自分の生き方の中核の部分を形成します。

ひとから指示されたものではなく、自分で自発的に目標を立て、苦しみながらも励んだことは、それが勉強であってもクラブ活動であっても、その人の精神的中核を形作って残ります。

皆さんにはそれぞれに自分の個人専門店を設けていただきたい。何もかもそろっている大型スーパーではなく、この分野でなら、人に引けを取らないという専門店です。「一芸」と言い換えてもいい。一芸をスポーツや文化活動で秀でた才能と考えがちですが、勉強でも一芸です。幅は広くないけれども、この分野でなら一言いわせてもらう、という得意分野をそれぞれに見つけていただきたい。あれもこれもとなると難しいですが、これだけと限ってやれば、誰にでも可能です。

自分の未来を拓く鍵。自分の可能性を開拓する、その手がかりをつかむ鍵は、現在の自分の足元や周辺にしかありません。じっと寝転がっていてはいけません。

人間力は偏差値を逆転させる。過去の自分にこだわって、あるいは、過去にすがって生きるのではなく、現在を、未来に向かって、力強く、生きてください。

このたび大学院に進学された方々には、ぜひ、テーマについて考え続ける姿勢を持続していただきたい。考える姿勢を持続していると、机を離れた思いがけない瞬間に、ふと行き詰まっていたものがほどけてゆくことがあります。考えるのは、あるいは、閃きは、机の前に座っている時だけではないのです。

机から離れているときに、研究テーマに関連した事が全く浮かんでこない、離れた瞬間にテーマから吹っ切れるということであれば、打ち込み方が浅いというべきでしょう。

それは自分で分かるし、また、自分にしか分かりません。

親離れ子離れも、この4年間にぜひ果たしていただきたいと思います。子は親から自立し、親は子どもを突き放す。そのことは本学の建学の精神である家族を大切にする精神と決して矛盾するものではありません。

生涯にもわたる、素晴らしい先生方や友人たちとの出会いが待ち受けています。

4年後には、実り多き学生生活であったと、満足して、社会に巣立ってゆかれることを期待して、学長告辞といたします。

2. いきる・ことば

現在を精いっぱいに

皆さんの年頃、10代の終わりから20代前半にかけては、それぞれの人生でいちばん重要な時期です。この時期をどのような思いをもって過ごすか、その過ごし方が将来の人生を決定すると言っても過言ではありません。ぼんやりと無為に、過ごしてはいけません。

この学生時代に、自分が将来こういう人間になりたいと強く念願し、そのために力を尽くしたこと、それだけが、その念願が成就できたか否かにかかわらず、その後の自分の生き方の中核の部分として残ります。

勿論、念願は叶わぬことも多いけれども、強く願った思い、そして、精一杯そのために力を尽くしたことは、よしんば、そのときにすぐに実らなくても、地下茎となって、いつの日にか芽を吹き、枝葉を伸ばして、蕾を膨らませて花を咲かせる。学生時代に画いていた花とは必ずしも同じ花ではないかもしれませんが、必ず花を咲かせます。

自分で自主的に考えて取り組み、苦しみながらも励んだこと、それが勉強であってもクラブ活動であっても、その人の精神の重要な中核を形作るということです。

将来何者になるか、それも漠然と考えていて思いつくものではなく、今やるべきことに精いっぱい取り組むことの中から生まれてくるものです。試行錯誤と言いますが、学生時代には失敗することを恐れていてはいけません。失敗から学べるのは若さの特権です。

学生時代に身につけたいこと

大学時代には、あれもこれもではなく、どれか1つ興味のあることに集中することが許される。打ちこむ対象を絞ることが可能なのが大学です。授業で興味をもった分野でもいいし、好きな読書に没頭するのもいい。読書は興味をもてる著作を1つ見つけて読みこめば、しだいに幅が拡がるもの。得意分野を、比喩的に「専門店」と言いなおすこともできる。自分の専門店をもつことができれば、何事にも自信がうまれる。

また、学生時代には大言壮語するくらいの元気さがほしい。謙虚さは怠惰の口実にもなりかねない。誤解を避けて、有言実行と言い換えてもいい。公言することで自分に発破をかける。

一人暮らしを始めるみなさんに

学生時代に果してもらいたいことが、親からの「自立」（独り立ち）です。「自律」と表記すると、自分のことは自分で決める、ひとに頼らないという意味になります。

将来、社会で活躍するために、自立は心がけとして不可欠です。親離れ子離れが必須の前提条件なんです。情として忍び難いとはいえ、いつまでも親の庇護のもとにいるわけにはいきません。

その意味で、このたび一人暮らしを始められることは慶賀にたえません。そして、それを認めてくださったご家族への感謝の気持ちを忘れてはなりません。一人暮らしはいくらでも自由に、あるいは、気ままに過ごせるので、まずくすると、ふしだらな生活にも堕しかねませんが、自分で自分を律して、メリハリのついた生活習慣を身につければ、将来の社会生活への力強い下準備になります。

一人暮らしでは自分を見つめる時間も多くなるので、気弱になることもあるかも知れませんが、ささいなことでくじけない強い心を養ってもらいたい。若いころは感受性が豊かで、感じ取らなくてもよいものまで鋭敏に感じとって、悩みの種にしがちです。悩みは若さにつきもので、自分だけのものではない。逆に、感性が豊かだからこそ、独創的な発想や芸術が若い人の手で創造されるのです。悩ましいときにも逃げないで、たくましく、折れそうで折れない柳や竹の強さを身につけてください。

大学院で身につけたい能力

いま社会の各分野で必要としている能力は、「課題探求・課題解決能力」と呼ばれるものです。さまざまな局面で、解決を要する課題は何であるか、直面する課題を自分で見つけて解決策を考案できる人財です。比喩的に言えば、ガイドとなる地図や磁石を持たずに未知の土地を目的地にまでたどり着くことのできる能力だと言えます。

学生時代には友人と議論を

自由な時間にめぐまれた学生時代に、自主的に取り組むべきことと言えば、勉学や課外活動などがまず浮かびますが、師友、教師や友人との語らい、あるいは、議論も重要です。そのむかしは間借りの下宿生活があたりまえで、他大学の学生もまじえて夜を徹しての語らいや議論がそれぞれの学生の成長に重要な役割を果たしていました。あとで振りかえれば、愚にもつかない内容だし、反省することも多かったのですが、ムキになって口角泡を飛ばして議論をしていたものです。さして深い思索に根ざしているわけでもなく、おたがいに、最近読んだ本の受け売りに過ぎませんでしたが、それはそれで知識や思考の幅を広げる契機になったものです。

いまや下宿屋さんもほとんど姿を消し、一つ屋根の下と言っても学生マンションの時代になりましたが、学生時代に、心をひらいて、傷つくことを怖れずに議論することの大切さに変わりはありません。

私自身、野放図で怠惰な学生時代でしたが、共同生活をしていた親友の何気ない一言が大きな転機になりました。あの4年生の夏休みに、喫茶店での友人の助言がなかったら、その後の自分の人生がどうなっているか、想像もつきません。

助言とか心に響く言葉と言われるけれども、タイミングがあります。いつでも同じように相手の胸に有効に響くわけではありません。禅に啐啄同期《そったくどうき》という難しい言葉があります。雛が卵から孵ろうとして卵の中でつつく。親鳥は外からつついて助けるが、双方の嘴がぴったり合った瞬間に殻が破れて雛が孵るという意味ですが、これは教育や助言にも通じる深い意味を持っています。議論を繰り返しているうちにハッと気がつく瞬間があるのです。

今は昔

昭和26年、小学2年生のとき、近所の犬に手首に噛みつかれたことがあった。母親に訴えたところ、逆に叱られた。子犬を生んで気が立っている雌犬のそばでぼんやり見ていたお前が悪いと。

1年生のときには新任の女性担任教師に濡れ衣を着せられた。通信簿にまで書かれたが、身に覚えのないことと説明すると、そうかの一言で親は納得。京都の町中とはいえ戦後のどさくさの時代。その母親もいまのご時世なら黙ってはいないのであろうか。

学生時代にぜひ親離れ子離れを

学生時代、10代の終わりから20代前半にかけては、それぞれの人生でいちばん重要な時期です。この時期をどのような思いをもって過ごすか、その過ごし方が将来の人生を決定すると言っても過言ではありません。ぼんやりと無為に、為すこと無く過ごしてはいけません。勿論、ときには、ぼんやりと心を緩めないと身も心も持ちませんが、現在を力強く、逞しく、真剣に生きていただきたいと願っています。

力強く真剣に現在を生きるとは、何事も受身の姿勢で過ごさないということです。

この学生時代に、自分が将来こういう人間になりたいと強く念願し、そのために力を尽くしたことだけが、その念願が成就できたか否かにかかわらず、その後の自分の生き方の中核の部分として残ります。真剣に自主的に取り組んだことだけが残ります。

経産省は、社会人として世に出る前に、学生時代にあらかじめ備えておきたい基礎的な能力の一つとして、「傾聴力」というのを挙げています。傾聴力というのは耳を傾けて人の話にしっかり聴き入ることのできる能力ですが、ふんふんと聞き流しているだけではだめです。その人の話から、「なぜだろう」という興味や疑問も持つことです。

若いときの成長や変貌は非常に早い。そうした実例を幾つも目にしてきました。三日も会わなかったら、次にその人と会うときには目を瞠って会いなさい、見違えるように変貌を遂げているから、という意味の言葉が古い中国にありますが、さすがに三日間で大きく変貌を遂げた学生には会ったことがありませんが、一年で目覚ましく成長した、という実例ならたくさん知っています。

そうした目覚ましい成長や変貌は、心構えひとつにかかっています。

自分の未来を拓く鍵。自分の可能性を開拓する、その手がかりをつかむ鍵は、現在の自分の足元や周辺にしかありません。

あたかも大学に入った段階で、エリートと非エリートが決まっている、その後の人生も決まっている、と安心するのも、あきらめるのも、まちがっています。新入生の皆さんには、入学のこの機に、このことをしっかりと心に刻んでおいていただきたいものと願っています。

高校時代までが秀才であったか否かは問題ではありません。秀才であったと自惚れて努力を怠るようだとむしろマイナスです。大学時代にしっかりと人間形成に励み、学ぼうとする意欲を持つことができれば、必ず、将来の人生が明るく開けます。過去の自分にこだわって、あるいは、過去にすがって生きるのではなく、現在を、未来に向かって、力強く、生きていただきたいものです。

獅子は最愛のわが子を千尋の谷底に突き落とす、無事で、逞しく、元気に、這い上がってくることを切に祈りながら、という話があります。

なぜそんな理不尽なことをするのか。厳しい試練に耐えなければ、強く生き続けること、成長することができないからです。

雨の日だからといって、いつまでも親に傘を差しかけてもらえるわけではない。親離れ子離れも、この4年間にぜひ果たしていただきたいと思います。親から自立し、親は子どもを突き放す。そのことは本学の建学の精神である家族を大切にする精神と決して矛盾するものではありません。

大学創立50周年を迎えて

払拭しなければならないのは、「偏差値」。教職員までそれを口にするなどもってのほかです。「偏差値」の最高位に位置する大学でも社会で目覚ましい活躍をしている卒業生はごく一部で、不遇をかこっている卒業生が少なくありません。

気持ちだけでは如何ともしがたい分野もありますが、文系分野では指導一つで目覚ましく開花するものです。

「下位」学生への濃やかな視線とともに、「上位」学生を、戦略的により高みへと育成することに力を注ぎたいものです。「上位」とは、学業成績に限るものではありません。学業成績は能力や個性を測る一つの秤でしかありません。学生たちと時折雑談を交わしますが、飛躍の可能性を秘めた学生が少なくありません。きっかけさえつかめば、「化ける」学生たち。

「一億総活躍社会」。在学生全員に卒業後の華々しい「活躍」を期待したいものの、「活躍」の中身を不問に付さない限り、現実離れの架空の絵空事でしょう。真の意味での「活躍」、社会でひときわ光彩を放つ人材の育成という意味でなら、本学学生の「2割」、手堅くは「1割」と言ってもいいでしょう。理想は理想として、まずは現実的な目標を1割に。それも至難の目標。授業での指導だけではなく、全学をあげて精魂を傾注しなければかないません。もちろん、残りの8～9割をないがしろにしていいわけではありません。

創立50周年。「五十にして天命を知る」節目です。果たして本学の現状は、社会の負託に応え、創設の志、すなわち人材育成をたんなるお題目ではなく具現化しているか、それを謙虚に省みる機会です。

3. 人を育てる・人を励ます

「笑学研究所」開設シンポジウム（2015年11月26日）

ただ今、ご紹介にあずかりました学長の坂井東洋男でございます。大きい名前で東洋の男と書いて、東洋男（とよお）と読みます。

私は中国のことに関係しているので、中国へ行くと、以前、先生は日本人とすぐわかりますと。なぜか。東洋というのは、中国から見ると、日本のことを指します。戦争中、日本の兵隊のことを現地の中国人は、東洋の鬼と書いて、トンヤンクイというのは東洋の鬼。私は自己紹介で必ず、東洋の鬼の東洋男でございますというふうに申します。

追手門学院大学は、来年、創立50周年を迎えます。その50周年を記念して、さまざまな改革、チャレンジをしておりますけれども、その1つが、この笑学研究所でございます。よそにはないものをつくらないと、改革にもまったく独創性がないわけで、そういう点では、おそらくこの「笑学」と称した研究所は他にはないのではないかというふうに思っております。

なぜ、この笑学研究所というのを考えたかというと、やはり大阪で生まれて、大阪で育った追手門。大阪らしいものをという。そういえば、大阪と言えば笑いであり、笑いと言えば大阪であると、私はそう思っております。

私自身は京都で生まれ育ったのですが、京都で長い間、ある大学におりましたけれども、結局、京都の大学では、笑いをつくるのは難しいなというふうに思いました。やはり言葉で大阪弁と京都弁、あるいは言葉だけではなくて、人との関係の取り方も京都の人間と大阪の人間は取り方が違います。おそらくこれは尾上先生、紹介を忘れました。尾上圭介先生に、今日この後、ご講演を賜ります。東京大学の名誉教授でいらっしゃいます。

その尾上先生が後で、もしかしたらお話に出てくるかもしれませんけれども、決して大阪の人間はど厚かましいというか、距離をゼロにして人と付き合うと、そういうことではございません。取り方が非常に上手であるということなのですが。

大阪と言えば、そのシンボルはというと、どうでしょうか。人によっては大阪城、人によっては通天閣とおっしゃる方もいます。今日は、通天閣の西上社長さんもおみえでございますけれども、特に大阪城とか通天閣と言っても、その周りの人を絡めると考えると、大阪城というのはどうなんでしょう。今、どなたかが住んでいらっしゃるのですかね。住んでいないでしょう。通天閣には新世界。近くに天王寺もございまして、私もちょこちょこ寄せてもらうことが多くなりましたけれども、あの庶民というか、大阪人の真性というか、性格。これがまさしく大阪の笑いというものであり、大阪と言っても、ミナミとキタでは随分違うということは、私は大阪に来て、やっとわかりました。この北摂地域と言いますけれども、茨木のあたりは、ちょっと大阪の中でも非常に上品な地域で、上品と言われていますけれども、ちょっと大阪らしいかというと、少し違うのかなというふうに思っています。

それで、この通天閣の社長さんにお目にかかった時に、ぜひ、ビリケンさんを頂きたいと。通天閣のシンボルであるビリケンさんを頂戴したいと。これは、笑いの象徴としてビリケンさんを頂きたい。この後、何度か休みがございますので、皆さん、足を触っていただいて、福を呼んでください。

記者会見でビリケンさんをお招きして、この笑学研究所の記者会見をやった時、その後、霊験あらたかというか、その後に硬式野球部の2部と1部の入れ替え戦がございまして、29年ぶりに1部に昇格いたしました。ありがとうございます。これはビリケンさんのおかげだと私は思っているのですが。

また、2週間ほど前に中国に行ってきまして、上海師範大学学長、学部長にお目にかかってきました。その時に、笑学研究所の話をしました。笑い学というのが、ものすごく大事ではないか。日中関係も笑いでやったら、うまくいくのではないか。そうしたら、笑学研究所にものすごく興味を持っていただきました。他のことよりも笑学研究所でございました。できたら、私は研究所から一歩踏み込んで、笑学部をつくりたいと。ただ単に研究をしているだけではなくて、そういう学生を育てたいというふうに思っております。

この笑いについて語り出せばいろいろあるのですが、この後、尾上先生のご講演もございますし、またその後、ショータイムと称してロザンの2人が、今はまだ来ておりませんけれども、もう近いうちにやって来ると思います。

この間、クイズ番組で、宇治原さんはクイズの王様という感じで言われていますけれども、さすがやなと思ったのは、ほとんど言わなかったのが、自分の順位が危うくなったら、いきなり気合いを入れて、ぱん、ぱん、ぱんと3つぐらい正解を出して、上位に上がったのです。やはりすごいなと。

菅さんは、『ちちんぷいぷい』の中で道案内というのをやっています。非常に人懐っこい英語をしゃべっております。あれを聞くと、皆さん、自信を持つのですが、そのロザンを交えて、また、笑学研究所の所長でいらっしゃいますけれども、初代の日本笑い学会の会長、笑い学会をつくるのでご尽力された井上宏先生にも加わっていただいて、尾上先生とでディスカッションしていただくということでございます。

どうか最後までご静聴賜りますように、大いに笑っていただきたいと存じます。よろしくお願いいたします。

クラブ監督、コーチに向けての講習前の挨拶（2015年11月25日）

私は、文武両道といっても、それほど高いことを要求しているわけではなくて、最低限、4年間で卒業してもらいたい。いたずらに留年を繰り返すような競技は社会から見放される。4年で少なくとも卒業させる。

それは授業で教師も言っていますけれども、課外活動、これは課外活動より、私は正課外教育と言ったほうがいいと思いますけれども、つまり課外活動と称していると、これはいかにも授業とかというのとまったく無関係で学生生活を楽しむためにやっているように見えますけれども、そうではなくて、正課外の教育だと。つまり、教室でやっている授業とは別の教育なんだという位置づけで考えないと、課外活動は間違えるというふうに思います。

そういう点で一流のアスリートというのは、大学も4年間できちんと卒業しています。例外的に卒業できなかったのが、ある大学におりますけれども。

しかし、私は学長としてここへ来てから、スポーツを強化しようと。スポーツの感動というのは、全学的な活力につながっていくということで、スポーツを強化したい。特に、みんなで応援できるように、中には、なかなか応援に行けないような競技もあるわけだけれども、みんなして応援できるような、そういう競技を強化したいということで、成果が上がってきているし、また上がりかけている。そういう点ではスポーツの感動というのは成績と無関係ではない。負けてばっかりで感動する者はおりません。成果を上げなければならないのだけれども、しかし、そこには構成しているクラブ員たちの人間的な成長を伴わないといけない。人間的な成長、これを伴わないような、そういう成果主義を取るべきではないというふうに思っています。

これはもうはっきりしています。クラブの監督が、「そんなもの、おまえ、勉強なんかどうでもええんや。クラブ活動だけをしっかりやれ」と言うのが実際にいるのです。そういうのは実際に僕も知っていますけれども、それでは駄目なのです。やはり、クラブの指導に携わっていらっしゃる方がちゃんと授業に出ているかと、単位は取れているかというふうな注意をやっていただくというのが一番大事だと思います。それが本当の意味でのクラブ強化になるわけ。決して優秀なアスリートを外から呼んでくれれば、それでクラブが強化されるというわけではなくて、それももちろんありますけれども、社会的に評価されないと駄目です。高校の先生とか、親とか、そういう社会的な評価があって、初めて、追手門学院大学にこの子を行かせれば、将来は間違いないと。そういう評価を得られるようなご指導をしていただきたい。厳しくやっていただきたいんだけれども、温かさを持たないような厳しさはありません。理不尽にがんがんやるだけでは駄目。そうかといって、甘やかしたのでは駄目だと思います。温かみの中にも厳しさ。これを持たないと、スポーツの指導にはならないのではないかというふうに私は思っています。どうぞよろしくお願いいたします。

新年会　（2016年1月5日）

新年明けましておめでとうございます。さわやかな新年をお迎えのことと存じます。私は年末から年始にかけて、ラグビー観戦一筋でございました。というわけで、今日はおみえかどうかはわかりませんけれども、女子ラグビーの監督とは何度も画面を通じてお目にかかっておりました。ラグビーの解説で、特に高校の解説では、日に3回ぐらい会ったこともございました。年末からワールドカップ、大学、そして高校と。まだ大学、高校は決戦までいっておりませんけれども、特にワールドカップでは南アフリカに思わぬ快勝すると。これを想像した人はいないと思います。「未来は突然開ける」と書いた人がいました。まさしく、まさか南アフリカに勝つというのは、誰も想像していませんでした。

それと並べて言うのは何ですけれども、追手門学院は昨年、入学試験、大学の入試で、伸び率日本一であると。これはずっと曇っておった中で薄日が差してきた。晴れ間がのぞいてきたということでございました。だからといって、安心しては駄目です。非常に小さな数字の計算上のことでございますので、いつひっくり返るかはわかりませんから、気を引き締めないといけないと思っております。

昨日は朝日新聞、今日は毎日新聞に、広報として情報発信しております。この情報発信を続けないと、追手門が皆さんから忘れられてしまうということで、今回はけたぐりみたいな広報でございましたけれども、なかなか良かったのではないかと私は思います。広報課が考えた、「大阪に幸あれ笑いあれ、ずっと大阪50年、追手門学院大学」というのもなかなか素晴らしいなと思っておったら、今日は毎日新聞に、本学の広報を1枚めくると、ある芸能人が2ページにわたって横たわっておって、「死ぬときぐらい好きにさせてよ」という、これには負けたなと思いました。これは、ある出版社から出ている本の宣伝じゃないかと思うのですが、芸能人の名前も何も出ていない。それだけぱっと2ページにわたってあって、そこで隅っこに出版社の名前が書いてあるだけでございます。こういうけたぐりみたいな広報ではなくて、正攻法という観点から。

そのためには、正攻法でということになれば、何よりも研究で成果を挙げていかないといけません。理系がありませんのでマグロというわけにはいきませんけれども、個性的な研究でというふうに思います。先生方には頑張っていただきたいというふうに思います。

学生が広報の題材になるというと、これはスポーツですね。やはり教育という話がありましたけれども、教育をしっかりしないといけないのは、将来、社会に出てから活躍する人材を育成しないといけない。1億総活躍社会というのは、ちょっと浮かれすぎと言っている人がいますけれども、1億は無理ですよ。どう考えても活躍できるのは、目覚ましい活躍ができるのは1割から2割だというふうに思います。これはやっぱり現実を直視しないといけない。

本学は今年50周年で、50にして天命を知るということで、追手門学院大学がどういう使命を持って誕生したのかという原点に立ち戻って、創設の志を振り返ってみるべきではないか。「独立自彊・社会有為」というのは、これはまさしく、押しも押されもせぬ人材を育成するということです。「自主・自立」の精神、そして強靱な精神を身に付けて、社会で活躍できる人材の育成。そのためには、ぜひ、心を一つにして、私は2割というと、ちょっと厳しいかなと。せめて1割、押しも押されもせぬ人材を、社会に出て光を放つ人材を1割は、1割といったら、大変な数だと思いますよ。今、6，500人いますけれども、各学年で言うと、1，600人ぐらいですかね。160人、社会に出て、光り輝く人材を。他の人は光り輝かなくてもいいという意味ではありませんけれども、誰が見ても知っていると。そういう人が社会に出て活躍してくれることこそ、本学における一番の広報ではないかというふうに思っております。そういう点では、教職員の皆さんに期待するところ、甚だ大事でございます。教室で授業をしているだけでは駄目なのです。これという学生を見たら、育成するために精を出していただきたいと願っております。

本日はどうも、最後はお説教じみた話になりましたけれども、頑張っていただきたいと思います。本年もよろしくお願いいたします。

学生活動報告時の閉会のご挨拶（2016年1月8日）

皆さん、お疲れさまでございました。

1つ、共通して私が感じたことは、今日お話しいただいた方、一様に大変明晰な発音でわかりやすく、物おじしないで、しっかりと発言されていた。これが一番基本や。人前で堂々としゃべれるという。

その次には、大きい声だけではなくて、中身が問題だけれどもね。それは中身を皆さんは今つくっていらっしゃるわけ。海外にいろんな形で出掛けられる。あるいは、国内におっても一緒です。あまり知らない人と面識ができる、コミュニケーションを取るということはどういうことかというと、相手を知るということ。異文化というか、あまりどういう環境で育ったかということをよく知らない人、そういう人を知るということ。そういう人にメッセージを出すということ。しかし、一番大事なことは、交わりを通じて自分を知るということ。

ともすると、人間は、この民族は駄目だとか、この文化はひどいとかというふうに思いがちだけれども、これはひょっとしたら勘違いかもしれない。われわれの文化がちょっとおかしいのではないかという視点も持ってみるということが必要ではないか。異文化理解というのは、相手を知るということ。相手にメッセージを送るということは、同時に自分を知るということ。

今、テレビでラグビーというのが、大変有名になっていますけれども、私は、実は話題になっている有名なラグビー選手は、昔あまり好きではなかった。

ただ、昨日も見ていると、随分彼は立派になったなと思ったのは、今度海外に行ってプレーをするんですよね。彼は増長してはいない。増長というのは、天狗になっていない。これから海外に行って、どうですかと言ったら、失敗することを恐れていません。失敗からこそ、笑うことができますというふうに言うと、彼は高校時代から失敗していたという映像が流れていました。しかし、それがあったからこそ、現在の自分があると。何でもうまくいっていたら、現在の自分はありません。これからもどんどん失敗を重ねて、失敗を重ねるということはどういうことか。挑戦していく、チャレンジするということだと言っていました。

君たちも、これから物おじしないで、いろんなことに挑戦していただきたい。失敗を恐れてはいかん。学生時代だからこそ失敗してもいいです。社会人になってから失敗すると、場合によっては致命傷になる。しかし、学生時代はいくら失敗してもいい。だから、そういう点では、失敗できるチャンスは今あるということ。ラグビー選手はもう社会人になっているけれども、失敗していきますと言っているんだからね。

もう1つ、今ちょっと話しながら思い出したのは、ネパールね。昨日のテレビでやっていたんだけれども、ネパールのことをやっていたんだよ。ネパール人が、日本で今仕事をしているんだけれども、ネパールのお母さんのところへ帰って、普段からお世話になっている親戚の方、おいとか、めいとか、そういう人たちにお礼をしに帰るという話。

一番目玉は何かといったら、お土産の中で電動自転車。私は乗ったことはないけれども、あの坂の多いネパールにおいて、今現在、震災以降、買い物をしに行くだけでも往復で2時間以上かかるんだよ。その時に、年を取って、買い物に行くのがなかなか大変だと。それで、電動式の自転車をプレゼントした。なかなか感動的な話なんだけれども、私が感心したのは、日本から送って、よく無事に着いたなというのが1つ。どこの国とは言わんけれども、送って、着かん国もあるんだよな。途中でどこかに消えてしまうという。

それと、先ほど君たちの話から思ったのは、電動式自転車を送ったのはいいけれども、電池がなくなったらどうするんやろう、故障したらどうするんやろうというふうに思いながら私はテレビを見ていたのを、君たちの話を聞いて思い出しました。たぶん、日本で働いている人がその話を聞いたら、すぐ電池を送ったりしてくれるんやろうと思いますけれども。

今日はいろんな経験を皆さんはされているということを伺って、非常にたくましく、頼もしく感じています。もう4年生で卒業直前だと言っていた人もいますけれども、これから残り少ない、あるいは、これから長い学生生活をしっかりと充実してください。

もう1つだけ言えば、余計なことをまた言いそうだけれども。実は昨日、女房と話をしていて、私の身の回りには結構有名大学卒という人がわりにたくさんいるんだよ。だけれども、大学のレベルじゃないんだよ。そんなに優秀ではない大学の卒業生、具体的にここでは言えないけれども、彼は素晴らしいという話をしていた。

君たちに何を言いたいかというと、大学のランキングによって、卒業後、人生が決まるということはとんでもない話。そんなことは絶対にありません。これは実際社会人になってみたらわかること。それよりも、何をその人がやろうとしているか。その中でのパフォーマンスというか、そういうことで少しずつ、その人に対する評価はできていく。むしろ、有名大学を出たら不幸かもしれないんですわ。東大とか京大を出て苦労しているのは昔からたくさんいます。

何が不幸かというと、みんな、できるというふうに思ってしまって、期待に応えないといかんけれども、そういうようにはなっていないという。今度は何かといったら、その世間というか、周りを恨む人間になってしまう。いじけてしまうんだよ。これが一番いかんのや。

そうではなくて、君たちはこれから大学名にこだわらず、胸を張って、学生生活を過ごしてもらいたい。私が言っているのは、これは本当だよ。

だから、私は学生時代に偏差値とか、しょうもないものに縛られて、駄目だと下をうつむいて過ごすのではなくて、堂々とこの学生時代を謳歌していただきたい。そして、人に責任を押しつけるのではなくて、自分の責任でものごとに取り組んでもらいたいと思う。これはもう本当にお願いしたい。あれが悪い、これが悪いというふうに思わない。何かがあったら、全部、自分の責任でやっていくということが大事。親に対してもそう。教師に対してもそう。教師に対して言いたいことがあったら、言ってくれてもいいんだけれども、しかし、それを他人の責任にはするな。そうではなくて、自分の責任でやっていくということ。

そういう点では、今現在、皆さんが活動されていくのは、そういう人生を歩んでいく一つのきっかけになっているやろうなと思って、頼もしく聞いておりました。

どうもお疲れさまでございました。

就職出陣式（2016年2月5日）

皆さん、こんにちは。いよいよこれから就職活動が本格的になります。本日は、その出陣式ということでございます。いかがでしょうか。就職活動を目前にして、元気いっぱい、やる気十分という方、ちょっと手を挙げてください。どの程度いるか。10人はいないね。やはり不安だな、心配だなという方はちょっと手を挙げてください。多いですね。

これは誰しもそうですが、面接とか試験を目前に控えて、不安に駆られない方はいません。だから、大事なことは、それは自分だけだというふうに思わないことです。人も似たり寄ったりということです。これは大事なことです。

たぶん、これから企業の面接会場に行ったら、友だちばかりではありません。他大学から来ている学生にも会います。ものを言いませんから、見た感じでいくと、皆、賢こそうに見えるのです。立派に見えるのです。だけれども、相手もそう思っているのです。大事なのはそこ。負けたというふうに思わないこと。いいですか。

追手門学院大学の学生に一番私が望みたいのは、もっと胸を張って、自信を持ちなさいということ。君たちは力があるのに、力量以下に自分を限ってしまう傾向があるかのように思えます。もっと自信を持って振る舞ってください。

これから就職活動をやって、一発ですぱっと決まれば非常に望ましいことですが、どうもうまくいかないということはあります。1社駄目だった、2社駄目だった、ともすると、自分に問題があるんだ、自分に欠点があるんだというふうに自分を責めるということになりがちです。これは皆さんに言うだけではなくて、一般的に全部そうです。そうではないんだ。

就職というのは、1社決まれば、それでいいわけです。実際、自分が何に向いているかと、それなりに漠然と考えていると思いますけれども、やってみないとわかりません。こんな仕事は向いていないのではないかと思って取り組んでいるうちに、自分では思いもしなかったような能力が開花されるということもあります。だから、堂々といろんなことにチャレンジしていただきたいというふうに願っています。

今、思い出したけれども、石川啄木という歌人が、「友がみな　われよりえらく　見ゆる日よ花を買ひ来て　妻としたしむ」。そういう短歌もあります。啄木は、啄木から見て、どうもうまくいかない時に、みんな、自分より偉く見えたという歌です。

今日ここに、大阪の方はご存じでだと思いますが、ビリケンさんを置いています。ビリケンさんというのはアメリカ発の神様で、このビリケンさんが日本に入ったのは、100年ぐらい経つかというふうに思います。ビリケンさんは通天閣にいらっしゃいます。そのビリケンさんの1体を通天閣の西上社長からいただきました。幸運を招く神様。君たちに今必要なのは、まさしくビリケンさんなのです。ぜひ、皆さん、ビリケンさんの足の裏に両手で触って帰っていただきたい。そうしたら、あなたに幸運が参りますということです。

2月に就職フェアというのをやります。4号館の4階と5階で、そのキャッチフレーズが「せなドン」です。背中をドンと押す。これは壁ドンを、私は壁ドンと知らなかったけれども、壁ドンというのは男女の恋愛に関するものみたい。その壁ドンをもじって、「せなドン」と名づけました。背中をドンと押している。誰が押すか。このビリケンが押してくれる。背中をドンと押してくれる。

どうか君たちは、これから自分の力の限界、能力の限界を自分で引かないように。これが一番大事なんや。先日来、ずっと理事長はいろんな企業を訪問して、追手門の学生をよろしくと、一部上場企業を回っていただいている。なかなか追手門の学生は参りませんと。私自身の経験もそうです。ある新聞社から追手門の学生をぜひ推薦してください、採用したいというので何人かに言ったけれども、みんな引っ込み思案で駄目でした。

そんなに自分の力の限界を引かないで、駄目でもともという言い方があるだろう。チャレンジしないと、若い時は。そして、うまくいかない時は、下をうつむかない。これから試験に向かって、毎日30分でもいい。背筋を伸ばして、胸を張る。大きな声を出す。声は大事なんや。私の声はわりに届くだろう。これは、普段はもっと優しい声なんや。わりに声が大きい。カラオケのせいかどうかはわからんけれども。

大きな声を、面接の時にはっきりものを言う。これはその場だけでは駄目なのです。普段からそういう練習をする。大きな声を出す。胸を張る。背筋を伸ばす。これをやるだけで、随分相手に与える印象は違います。面接での印象というのは、決して学業成績の順番で、つまり成績が良い人から内定をもらえるかという、そういうものとは違うのです。

私がかつて教えていたころには非常に成績の良い女子学生がなかなか決まらない。私の研究室に来て、「先生、また駄目でした」と言って報告に来ている。私が言ったのは、「君のその姿、鏡で見てみ。何社受けても駄目だよ」。うつむいている、うなだれているのです。虚勢でも空元気でもいいのです。私は空元気ということをよく使う。空元気というのは、本当の元気ではないけれども、元気であるかのように振る舞うのが空元気。空元気も元気のうちです。空元気を出す。大きな声で応答するというのが大事なことです。

どうか皆さん、このビリケンさんにあやかって、大きな幸運が皆さんに来ることを願っています。今年の正月には、「大阪に幸あれ笑いあれ、ずっと大阪50年、追手門学院大学」という広告を出し、大きな反響があちこちからありました。また見ておいてください。

ビリケンさんにあやかって、皆さんに幸あらんことを祈っております。頑張ってください。

保護者のための就職講演会（2016年2月20日）

皆さん、こんにちは。本日は、就職講演会にお越しくださいまして、厚く御礼を申し上げます。また、平素、学院・大学が保護者の皆さんにご支援を賜っておりますことにつきましても、この場をお借りして、厚く御礼を申し上げます。

就職活動にあたって、私は語る資格はあまりなくて、実は、あまりこれは言ってはならないのですが、高校を卒業して、一度、勤めたことがあるのです。高校3年の12月に父親が脳溢血で急死しまして、莫大な遺産を残したわけでもないので、私の時代はそんなに大学へ行くことを、誰も彼もが行ったわけではありませんので、勤めようということで、一度勤めたことがあります。研修を1週間受けて辞めました。これは、自分には務まらないと。ある大手の自動車メーカーでしたけれども、辞めました。やはり、これは大学へ行こうということで、フリーター浪人みたいなことをやりました。そういう腰の定まらない私が就職について語るというのはおこがましいことなのですが。

今から2週間ほど前に、場所も同じ、この優駿ホールにおきまして、3年生の学生諸君に、これから就職活動に乗り出すにあたっての壮行会をやりました。びっしりとここに、立ち見まで出まして、2回やりましたけれども、いずれも満員でございます。1回について五百数十人が出席していたと思います。リクルートスーツに全員が身を固めて、普段見慣れている学生の姿とは全然違うのですが。

その時に私が学生諸君に言ったのは、これから就職活動をやるというので自信いっぱいだ、意欲いっぱいだという人は手を挙げてくださいと言ったら、数人、手を挙げました。いやあ、不安だな、心配だなと思う人は手を挙げてと言ったら、多くの学生が手を挙げていました。正直なのです。本当は全員不安だと思います。それを、私は学生諸君に言いました。これから就職活動を始めるにあたって、自信にあふれているという人は極めて異例だと。みんな、不安なんだと。

就職環境については、この後、講師の方から話が具体的にありますけれども、私が今、環境がどうであるかということもよく知らないのですが、たぶん最初の1社を受けて、内定をもらわれているという人はあまりおらんのだろうと思います。そういうことが重なっていくと、どんどん自信を失っていく。自分を責める。自分にどこか悪いところがあるから、就職の内定をもらえないのではないかというので、自分を責める。周りの人を見ていると、みんな立派に見えるけれども、もっといる。そういう気持ちに、ともすると、陥りがちであります。そんなことは決してない。胸を張りなさい。空元気も元気のうちと言うけれども、空元気を出しなさいと。決して人と比較しても得るところはありませんというふうに学生諸君に言いました。

就職活動というのは、これから社会に出るにあたって、一番良い試練です。ここでいろんなつらいこととか、いろんなことがあるけれども、そういう試練を乗り越えることによって、これからの社会生活を営む上で立派な活動人生が送れるというふうに思っております。

大変つらいことがあるなというふうに思うのは、今から2年前に、ある女子学生から聞いた話ですけれども、エントリーシートをご存じですか。エントリーシート。言ってみれば、履歴書にいろいろと自分の抱負とか、そういうものを書いたものですが、圧迫面接といって、企業の方から圧迫、ちょっと試すためにいろんなことをやられる。

私が聞いたのは、その人事の担当者は、ある学生のエントリーシートを取って、ビリッと破って、「君は今どんな気持ちですか」と聞いたのです。これは大変失礼な面接のやり方ですが、それでだいたいその子の性格がわかるということです。そういう試し方をした。その学生はなかなか立派だと私が思ったのは、その会社の概要、パンフレットを取り出して、おもむろにビリッと破って、「こんな気分です」と。立派ですよ。大変立派。

その彼女はというと、内定をもらったようです。だけれども、行かなかった。それは正解です。そんな失礼な、人間の心を踏みにじるような、そういう試し方をしてはいけません。

それを私に話した女子学生というのも、これもちょっと変わっておって、ある大手の電機メーカー、最終面接で不採用になった。その通知をもらって、その人事の担当者に電話をして、私を不採用にするのは納得がいきませんと。そうしたら、ちょっと待ってくださいと言われて、いついつの何時だったら時間がありますから、何だったら、その時に来ますかということで、最終的に採用された。必ずその手でうまくいくわけではないけれども、そこまで思いを持って受けたのかということになると、まあ、悪くない印象を与えますすね。最終的な決め手というのは、人事の担当者もあまりわかっていないと思うのですが、採用されたと。そういう事例をもございます。

いずれにしても、就職活動をしていると、ちょっと考えられんような経験をお子さん方がするということは珍しくありません。だから、保護者の皆さんにお願いしたいのは、くれぐれも、「あんた、ちゃんと活動しているのか。大丈夫か」というようなことを、あまりプレッシャーを掛けるようなことをおっしゃらないほうがいいと思います。あまり頻繁にそれをやると、親子関係がまずくなると思います。言われなくてもわかっています。それから、大学の就職・キャリア支援課のほうに相談に来たりしておりますので、おうちのほうであまりしつこくおっしゃらないほうがいいというふうに、静かに見守ってやる。様子を見て、時には励ましてやるという、その程度の関わり方でお願いします。

前回、2回壮行会をやった時には、ビリケンさんをここへ持ってきました。私の学長の部屋にビリケンさんがございます。これは通天閣の西上社長から頂いた物で、西上社長というのは追手門の経済学部の卒業生ですが、お目にかかった時に、「社長、僕にビリケンさんを下さい」と言ったら、「わかりました。探してみます」ということで頂きました。

ビリケンさんってご存じだと思いますけれども、幸運を招いてくれる神様。アメリカの神様ですが、幸運を招いてくれる。ここに置いて、両手で足の裏をさすると、幸運があなたに来ますよというので、学生諸君には、今日、ビリケンさんの足を触って、なでて、願い事をしなさいというふうに申しました。皆、触って帰りました。必ず追手門の学生には幸運がやってくると信じております。

本日は限られた時間ではありますけれども、最後までご静聴賜りますようにお願い申し上げまして、学長としてのご挨拶に代えさせていただきます。どうも本日はありがとうございます。

新任教員研修会（2016年3月）

追手門学院大学は、6学部でございます。1年前に、6つ目の学部ということで地域創造学部ができまして、現在は6学部でございます。

学長に就任して、追手門に来たのは4年前ですが、すぐにスポーツを強化したい。なぜ、スポーツを強化したいかというと、学院を挙げて、心を一つにして、卒業生も含めて応援できるような、個人スポーツではなくて、そういうみんなで応援できるようなスポーツ、これを強化したいということで、その成果が少しずつ出てきまして、硬式野球は何十年ぶりか、1部に昇格いたしましたし、特に女子のサッカー、ラグビーが頑張っております。

ただ今、理事長から大変含蓄のあるお話がございまして、それに刺激されて、ちょっとお話をしますと、本日おみえの方は、こども園、幼稚園から高校まで、これはなかなか成長段階で一つに言えないわけですが、私が小学校に入ったのは、もう66年前ですかね。その時代と今は全然違います。環境が違います。特に親が違います。

私は小学校の2年生の時に、近所の犬に手首を噛まれたんです。子犬を産んで。その時に、母親に訴えたら、どう言ったかというと、おまえが悪いと言うのです。子犬を産んで気が立っているところでぼおっと見ておるから噛まれたんだと。それ以来、私は母親には一切相談しない人間になりました。ただ、報告はしましたよ。仲が悪いわけでは全然なくて、この間、97歳で他界いたしましたけれども、大変良い母親でした。気が強くて。

そういうこともあって、みんな、その時代の母親・父親というのはそうかというと、必ずしもそうではなかったかもしれないけれども、いちいち人に訴えたりということはなかったと思います。自分で処理をした。

幼稚園で今ちょっと思い出したのは、先ほど理事長が子どもはずっと覚えているという話をしたけれども、この間、長女は今、確か45歳になるんだと思いますけれども、「おまえさん、幼稚園に入った時のことを覚えているか」と言ったら、「覚えている」と。何かといったら、集団生活になじめなくて、登園拒否みたいなもので、なかなか幼稚園の中に入っていけなくて、ただ担任の先生が非常に良い人で、面倒をよく見てくれた。1年ほどして、やっと、泣きやむようになった。今は、長女は先生をやっていますが、そういうのを子どもは覚えているのです。

私自身も小学校1年の時に、担任の新任の教員に濡れ衣を着せられた。何のことかはわからないんだけれども、教室に入ってくるなり、「坂井君、君でしょう。何とかをやったのは」と言って、何のことかは全然わからない。周りの子どもは、「あれ、坂井君と違うのにな」と言っておったのは覚えています。あれは、だから、もう60何年も前のことを、今でもその時の光景は覚えています。

しかも、その先生は女性ですが、しつこいのもあった。通信簿にまで書いた。どう書いているのかというと、「陰日なたのない子になりましょう」。親は、それを読んで、「何をしたんや」と。「いや、これは、僕は全然関係ないんだ」と言ったら、「ああ、そうか」でしまいでした。今だったら、大騒ぎになる可能性がある。親によっては、大騒ぎになるでしょう。

私は今でもその先生が、その先生のところに行く小学校の同級生に「坂井君、どうしている？」と言うらしい。私は絶対「坂井君」と言われたくないと思う、その先生には。

その後、3年の先生は、かなりでたらめな先生で、いいかげんでした。だけれども、ものすごく良い先生だった。何かというと、謡《うたい》をやってはって、廊下を歩きながらも、教室へ入ってくる時にうなってはりました。だけれども、京都の学校は、お寺さんの先生が多く、だからというわけではないのでしょうが、おっとりして非常に良い先生でした。

4、5、6年の担任は、歌手になり損ねた人が教員になってはる。戦後のどさくさの時代、いろんな人がおりまして。そういえば、中学1年の時の担任の先生は、本当かどうかはわかりませんよ。少年院に入っていたことがあるという。確かに、怒ると顔面蒼白。もう血の気が引くんですよ。ああ、この人は怒らせたら大変なことになるなと思っていました。

そのクラスからは大変な人材がいっぱい出ています。その中で私は、わりに秀才でした。忘れがたいのは中学2年の担任の先生。熱血先生というのは、私はあまり好きではないんだけれども、その先生は熱血と言ってもいいでしょう。教室中、英語の先生なのですが、駆け回っているんですよ。教室の中を。「何でこれがわからんのか」と言って、子どもの机を叩きながら駆け回っていました。そういう熱血が私はあまり好きではないけれども、その先生は大変良かった。

現在、茨木に住んでいるのですが、茨木に来る前に、私は車を自分では運転しませんけれども、女房の運転で、京都のその先生の近くを通った時に、「この近くに中学2年の時の担任の先生がいるんや」と言ったら、「それやったら、寄ったらどうや」と言うのです。いや、また今度、普段着、寝転がっている服装で出てきたものやから、「ちょっとまた出直してくるわ」と言って、「いや、そんなん言ったら、行けないよ。またといったら、なかなか行けへんから、今日、寄ったらどうや」と言って、それで寄ったのです。涙を流さんばかりに喜んでおられた。寄って良かったなと思いました。その先生の奥さんも、私が中学1年の時に数学を習いました。

もうこういう漫談めいたことをやっていったら、止めどがないのですが、先生方に申し上げたいのは、子どもに、幼稚園児も高校生も一緒です。顔を向けるとともに、心も子どもに向けてもらいたい。そして、先ほどの話ではないけれども、もしかしたら、自分は間違っているかもしれないという恐れを持ってもらいたい。絶対自分は正しいというふうに思ってはいけません。特に中学、高校なんかへ行ったら、特定の教科を持たれるわけだけれども、その教科の出来具合によって、その子どもを評価してはいけない。もういろんな領域を子どもは持っているわけで、例えば数学ができないといっても、将来大物になるかもしれないです。そういうのはおります。

前任校の大学で、もう全然できない子。それが今、大阪でチェーン店をいくつも経営しております。「後生畏るべし」という言葉がありますけれども、将来、何者になるかはわからないという恐れみたいなものを持ってやっていただけたらと思います。「三日会わざれば刮目して相待すべし」

という言葉もあって、3日会わなかったら、次に会う時には目を見張って会いなさい。大きな変貌を遂げているということもある。さすが3日で大きく変貌した、成長したという例を私は知らないけれども、1年ぶりに会って、大きく成長している。そういうのはおります。だから、それはそういう恐れみたいなものを持って、日々、子どもたちと接触していただきたいなというふうに思っておりますので、皆さんが追手門学院におみえになったということを心から歓迎いたします。どうぞ、頑張ってください。

高大接続に関する講演（2016年7月25日）

本日は、追手門学院アサーティブシンポジウムに、かくも大勢の方にご来場賜りまして、厚く御礼を申し上げます。北は北海道、南は沖縄からもお越しいただいているということで、大学、高等学校、そして受験等の教育機関からたくさんお越しいただいております。

本学のアサーティブ入試は導入して、今年3年目でございます。今、この入試に携わっているのは、職員で50数名。面接、受験生との面談等で50数名が関わっております。こういう入試を導入するにあたって、まず本学で意思決定の在り方について、ガバナンスといいますか、改革をしたと。それが、おそらくこの入試の導入に功を奏したのではないかというふうに思います。何よりも職員が入試に関わると、何たることだという声が聞こえるかもしれない。それだったら、先生方がやってくださいよと言ったら、おそらく負担が多いからということでスムーズにはいかない。それ以上の反対があるのではないかと思います。

高大接続ということですから、18歳の高校生がいかに明確な目標、目的意識を持って大学に入ってくるかということについて面談をします。職員がそこを繰り返し念を押し、目的意識を持たせているわけでございます。なかなか18歳で目的意識とか目標を明確に持つというのは難しいのではないか。

振り返れば、私は50数年前、高等学校を出てから、その後、大学を通じて、自分の心との闘いみたいなもので精神的な格闘をずっと続けておりました。引きこもりではないですよ。本を読んでいたのですが、これは勉強ではなくて、趣味的な読書です。

そういう時期を経て、いろんなものを読んだおかげでというか、その後いろんな局面に遭遇しても、動揺するということがほとんどなかったです。それが良いのかどうかはわかりませんけれども、そういう経験をしたもので。一直線に高等学校から大学、そして卒業したわけではなかった。おそらく今は時代、社会が違ってきたといっても、今の若い人たちも、なかなか高等学校の時から大学で何をするかということを明確に、そういう自覚を持って入ってくるというのは難しいのではないかというふうに、私は自分の経験からそのように思います。

今日のテーマは「高大接続」ということで、いかに若い高校生、若い人たちが目的意識を持って大学に進んでくるかという、そういう話になろうかと思います。最後までご静聴を賜りますように、よろしくお願い申し上げて、どうも本日はありがとうございます。

全体研修閉会挨拶 （2016年8月4日）

こういう場合は長くしゃべらないといけないのかな。どうもうだるような暑さの中、お集まりいただきまして、ありがとうございました。それぞれに気持ちのこもったお話を頂きました。

実は当事者意識というのを、このテーマで私は10年余り前、外で講義をやったことがあります。全然内容は違います。当事者意識というのは、仕事をやる時に、それぞれの持ち場とかがあるわけですが、それを越えて、他の部署の仕事についても気を配るべきだと。自分だったらどうするかという視点を持たなければならない。とりわけ職員の方は人事異動等もありますので、明日はその仕事に就くかもしれないわけです。今やっている仕事だけに関心を持つという、そういうことではいけない。そんな話を1時間半ぐらいしましたかね。

今年は50周年ということで、式典、または祝賀会。教職員の方々の奮闘によりまして、大変成功裏に納められました。いろんな方から良かったという声を頂いています。とりわけ私が心配したのは祝賀会。祝賀会は、あれは横長の部屋で、人数が1，000人ほど入っていますので、下手をすると、卒業式の後の謝恩会みたいなことにならんかなというふうに思っておりましたけれども、大変整然というか、厳粛に執り行うことができました。ひとえに、ご尽力頂いた方々に感謝するばかりでございます。

その後、いろんな行事が続きました。アサーティブ入試のシンポジウムもありました。これはシンポジウムなのですが、北は北海道から、たぶん北海道科学大学からもおみえになっています。南は、沖縄からもご参加いただいて、全てを合わせると３００人くらいですね。大変内容も良かったというお声を頂きました。

一昨日と昨日は、玉川学園との共同研修ということで、玉川学園の教職員の皆さん、活気があふれるなと思って、私は感心いたしました。大変実りのある研修会でした。

昨日は、岩手県の普代村から小学生が15人やってまいりました。別の部屋ですけれども、付き添いの方を入れると、20人ということでございました。これだなと思ったのは、子どもたちに、大阪は初めてと言うから感想を聞いたら、大阪は暑い。確かに。帰りしなの時に、君らは暑くて気分が悪くなったら、誰かに言わなあかんよ。倒れたら大変だから。

ところが、話をしている時に、エアコンのブーンという音が聞こえた。みんな、ぎくっとしているんですよ、子どもが。何かといったら、地震と違うよと言ったら、笑ってくれました。やはり余震、これが体の中に染み込んでいるんですね。いや、本当に私はあらためて目の前でブーンという音で15人の小学生がぎくっとした表情は忘れられないですね。

今日は、キャンパスの話。それから、スポーツのお話など頂きました。私、これで話を始めたら、止めどなくなってしまいそうだけれども、広報的な話では、これは広告ではなくて、パブリシティー。つまり、取材してもらうということが大事なんだということですね。

そのためには広報課だけで何をというふうな発信をできるわけがないのです。全学的に、これはどうだろうかという材料をつくったり、あるいは見つけたりして提供してもらわなかったら、広報のほうでは動きようがないということです。本当、ほんの些細なことが、結構取り上げてくれるのです。私は前任校でも経験しておりますけれども。謝罪会見も何度かやっていまして。

謝罪会見の時は、ただ単にありのままにしゃべるということが大事だと。私は、イタリアの大聖堂の落書きのあの時に、テレビ局がたくさん来るし、新聞社もおりましたけれども、いろいろと率直にしゃべった。そうしたら、テレビのカメラマンが頷いていたというので。つまり、隠そうというようなことは必ずごまかしていると伝わるので、ありのままにしたように。そういうことが本学においては起こらないと願っておりますけれども。

あれは、おとといでしたか。ここの茨木高校の表現コミュニケーションの学生たち7人のコンテンポラリーダンス。明日が本番ですね。理事長と見に行きますけれども。そのダンスの後、生徒たちに、「君たちはわかっているな。高校が3年。卒業したら、追手門学院大学に来るんだ」と言ったら、小さな声で「はい」と言ったから、「あかん。大きい声で『はい』と言え」と言ったら、「はい」と声を合わせて言っていました。本当に来るかどうかはわからんな。そういう語り掛けがやはり生徒に対して大事ではないかと思っています。

それと先ほどの話の中に、私は学校というのは、その時々の時価で評価されるという話がございましたけれども、これは大学だけではありません。小、中、高、いずれにおいてもそうです。必ず時価で評価される。

そうしたら、卒業生がその時の時価が低いと、自分がその学校・大学の卒業生であるということを口にしなくなる。だから、私は、特にその頂点にあるのが大学であるから、大学が憧れの的である。憧れて、小学校、中学校、高校、大学に入ってくるという、そういう学園でなければならないというふうに思い、動いてきたわけで、大学は必ずそういう輝かしい、卒業生が胸を張れるような大学になると信じております。

まだまだ話をすることがあるのですが、こんな調子でやると長くなるので、もうやめろというサインが出ていますから、本日は本当、暑い中、お集まりいただきまして、ありがとうございました。以上をもって、終わらせていただきます。どうもありがとうございました。

新年会　（2017年1月5日）

明けまして、おめでとうございます。さわやかな新年をお迎えのことと存じます。

昨年はアメリカの大統領、選挙でトランプが勝ったということで、世界ではいろんな、これから萎縮の時代が始まるのではないか、多様化の時代ではなくて、内にこもった時代が始まるのではないかと言われておりますけれども、追手門学院大学は、これから果敢に、積極的に、社会に向けて、また、世界に向けて情報を発信していかなければなりません。

今、理事長の挨拶の中に出てこないなと思ったのですが、新しいキャンパス。追手門学院にとっては第2の改革と言うべき、この第2のキャンパス。これのために担当の職員が今、一生懸命尽力、汗をかいております。

ただ、問題は、その器の中に、どういう内容を盛り込むかということが大切なわけで、そのためには、先生方に教育の内容。また、内容の中には、当然ながら、どういう組織をつくるかということも含めてでございますけれども、お知恵を拝借していかなければなりません。人様のものまねではなくて、個性的なものを、追手門の個性的なものをいかに打ち出していくか。それがなかったら、世間の注目を集めることはできません。

昨年、ちょうど1年前ぐらいですかね。笑学研究所の宣伝というか、広報で、大変鮮やかな、簡潔にして素晴らしいキャッチコピーを打ち出してもらいました。あれは広報が考えたんやね。これは素晴らしいもので、皆さんがご存じのとおりで、「大阪に幸あれ笑いあれ、ずっと大阪50年、追手門学院大学」。これは簡潔にして、もうこれに尽きると思います。素晴らしいコピーを考えていただきました。

この笑学研究所。これはまだ業績を上げていくのはこれからではありますけれども、少しずつ、今、積み上げていただいております。これを教育の内容に盛り込んでいきたいと。

これは何十年来の恒例でございますけれども、ジャンボ宝くじ、10億円を目指して買いました。100枚買いました。結果はというと、300円が10枚で3，000円。プラスマイナス、差し引きを計算すると、25，000円ぐらいのマイナスですかね。だいたいこういうものなのです。

私、前にもどこかでしゃべったことがあると思いますけれども、人にとって、幸運と不運というのは、プラスマイナス、バランスが取れているものやというふうに思うのです。私は、宝くじでカスを買って、これは不運をそこで買っているんだと。私の実質人生においては、わりに幸運に恵まれているのです。これは宝くじでたくさんハズレを買っているせいだろうというふうに思っています。皆さんも、べつに宝くじとは言いませんけれども、多少の不運があっても、必ずどこかでバランスが取れているものだということで頑張っていただきたいと思います。

追手門学院大学にとって、また皆さんにとって、幸多き一年であることを祈念いたしまして、念頭のご挨拶といたします。おめでとうございます。

成績優秀奨学金給付式

（2016年7月21日）

皆さん、学業成績優秀により給付奨学生。本日、これは現金でお渡しするのではなくて、振込みなんですかね。いずれにしても、払うべき学費が、その分が浮いたというわけです。

私自身も学部学生の時に奨学金を頂いたことがございます。大学院では、事務室から電話がかかってきたのですが、お断りしました。ややこしい時代でしたので、私は断ったのです。その学部学生の時に頂いた奨学金は、ある意味では私自身の人生を左右したと。

どういうことかというと、最初の時に事務室の窓口で現金で頂いた。いくらぐらいやったかな。20，000円ちょっとだったと思いますけれども、あの当時は、授業料が年間12，000円ですから、非常に安い時代でした。

私は授業にはほとんど出ずに、家で好き勝手な本を読んでいました。その当時は、日本のものを読んでいたのですが、要するに趣味に走っていたわけですね。授業に出ないで、古本屋回りをして、好きな本を読んでおったと。

ところが、奨学金をもらった時に、これは記念になるものを買おうということで、京都の川端通りにあった大安という中国語書籍の専門店。そこへ行って、『魯迅全集』の全10巻を買いました。5，000円。当時はそんなもの。安かったのです。

5，000円でそれを買って、ちょうどもらったのがこの時期でしたけれども、夏休み中に全部読みました。片方に、岩波書店で出ていた翻訳、全訳ではなく、一部しか翻訳されていないんだけれども、それを横において、対訳本みたいなものですね。日本語と付き合わせて、辞書を引き引き、全部読みました。

せっかく読んだのだからというので、卒業論文を、魯迅をねらいにした論文にしました。その後、何度も何度も繰り返し読んでいるうちにあることを発見して、大学院へ行くつもりは全然なかったんだけれども、友だちの勧めで大学院に行くことにしました。授業に出ていなかったので単位が満たず卒業はできなかったのですが、もう一度、翌年、大学院試験を受け直し、大学院に入りました。たぶん奨学金で、その時に20，000円なにがしかのお金をもらっていなかったら、たぶん大学院へ行くという選択肢はまったくなかった。全然違った人生を歩んでいるような気がします。

君たちにも同じようなことをしなさいとは言わないけれども、ぜひ、これは現金でお渡しするものではないけれども、これを頂いたもの、これは貸与ではなくて、給付だと。これはありがたいですよ。これを、ぜひ有効に、ぱらぱらっと飲み食いに使ってしまうのではなくて、記念になるものを買って、これからの自分の人生に、もしかしたら、大変分岐点になるような、そういうものを買って、追手門学院大学の学生らしい生活をこれからされていただきたいと思います。4年生の人はいるかな。4年生はもう最後だけれども、ラストスパートで、最後までこれからの学生生活も、給付奨学生にふさわしい生活を過ごしていただきたいと思います。

他の学生の模範となるような、そういう生活を過ごしていただきたいというふうに思います。本日は、誠におめでとうございます。

4．教育の改革と進化

大学ガバナンス改革（私立大学連盟講演）

1．ガバナンス改革の流れ

私は、前任校の京都産業大学では37年の勤務、うち8年間が学長で、追手門学院大学ではこの3月末で着任して3年、学長としては2年8か月になります。私学の二つの大学しか存じませんが、この二つを比較しても組織風土がだいぶ違うなという印象を受けています。組織風土というのは、個々の教職員と話をするとさほど違っているわけではありませんが、組織のメンバーとしての振舞いとなると、かなり違っている、あるいは、違っていたという印象を受けています。

追手門学院は、小学校は127年の歴史をもちます。1888（明治21）年に、大阪城の三の丸の跡地で、大阪偕行社附属小学校という陸軍将校の子弟を教育する小学校としてスタートした、これが追手門学院小学校の前身です。関西では名門の誉れ高い小学校です。

現在、こども園、幼稚園が1、小学校が1、中学校と高校が2校ずつと、それに大学を加えても、規模としてはそれほど大きい学院ではなく、全部を合わせても、生徒学生の総数は1万1，000人ほどです。大学の学部数は5つでしたが、この2015（平成27）年4月から新たに地域創造学部を設置し、6学部になります。理系の学部がないことが課題と言えます。

本学院では、一貫連携教育を掲げ、緊密に連絡をとっていますが、大学が輝き、社会的にも憧れの魅力ある存在でなければならない、さもないと中高、小学校、幼稚園に負の影響が及ぶというわけで、大学の改革に力を注いでいます。

追手門学院のかつての風土を一言で言えば、これは褒め言葉にはなりませんが、会議においては「会して議せず」。さらに「議して決せず」。そして「決して行わず」。皮肉っぽい言い方になりますが、これらが追手門学院の組織風土の一端でした。

この風土とも関連するのでしょうが、人事でもある種の意図を含んで、滞ってしまうことが多かったようです。例えば、私の二代前の学長が選挙で選ばれて、副学長を推薦された。ところが、各学部の学部長や学科の代表者、学長、副学長、事務局長、理事などからなる最高の決議機関である大学評議会でその副学長人事が実質否決されるということがあったようです。教職員の過半数の支持を得て選ばれた学長が、自分の片腕として副学長を指名したところ、否決された。二度否決されて、最終的に、三度目に別の方を副学長に指名して承認されるまでに2か月を要したと言います。民意で選ばれた学長が指名した副学長人事を、大学評議会が二度にわたって否決する。指名された候補者に対する評価とは別に、これはやはりおかしいのではないかと思います。

この1件で思い起こすのは前任の京産大で初めて学長に選出されたあと（立候補制ではありません）、私が副学長に指名したのは、長年「教職員労働組合」の委員長などを務めていた、私が人間的に厚く信頼していた教員ですが、打ち合わせの際に幹部連中に候補者としてその方の名を出すと一瞬息をのんで沈黙、その光景はいまも記憶に焼きついていますが、一呼吸置いたあと一同爆笑された。意表を突く人選だというわけですが、もちろん、疑問を呈する声など出ませんでした。その打たれ強くて好人物の副学長には、3期8年間、終始、片腕として奮闘していただいた。

2012（平成24）年4月に追手門学院大学に赴任しましたが、その4月に専務理事というポストをつくっていただき、その職に就きました。たまたまですが、私の赴任する前後にまず学院長が私的な事情でお辞めになり、翌5月に今度は学長が辞任されました。学院長と学長が、相次いで空席になったわけです。

そこで規定に則ったうえで、私が7月に学院長に選任されました。次いで学長になりましたが、学内での選挙結果で学長に選任されたわけではありません。聞いたところでは、第一次選挙では1位だったものの、決選投票では2位だったそうですが、理事会で選任される新規程で学長に選任されることとなりました。

私が追手門学院大学に赴任する前年の2011（平成23）年7月に、新しく理事長に選ばれていたのが川原俊明氏です。川原理事長は、大阪で弁護士をしており、非常に先鋭的な理事長です。追手門学院の小中高の卒業生で、母校愛がまことに旺盛で、正義感の強い方です。

私は、正義感の強すぎる人はちょっと困ったものだと思うこともありますが、川原理事長には自分に利する私心が伺えない、母校をどう改革するべきかという一点、このまま母校がついえてしまうことがあってはならないと、私の着任前から、様々な改革の布石を打たれていました。

2009（平成21）年4月に執行役員制度を導入し、大学の各学部長、幼稚園の園長、小学校や中学の校長が執行役員になることとし、２０１１（平成23）年7月に、川原が本学院の卒業生では初めて理事長に選任されました。

２０１１（平成23）年11月には、理事長直轄の特命業務を推進する理事長室を設置。これは現在も強力に機能しています。そして２０１２（平成24）年3月に専務理事のポストを新設し、翌月に私が専務理事を拝命しました。選挙結果によらずに、最終的に理事会で学長を選任する制度は、私が着任する前月に改正が行われたものです。そして、私が専務理事に着任した２０１２（平成24）年4月に学部長の選考制度を見直し、学部長の選考は学部教授会での選考結果によらず、学長が選考して理事長が任命することに改めました。教授会の投票などで選ばれた方と学長が推薦する候補について理事会で検討し、理事長が学部長を選ぶという制度です。

「大学評議会」の改革が大きな改革です。大学評議会は学部の代表者や学部長を構成員として教育研究と管理運営について審議決定していた。この規程を改正して、管理運営を切り離し、「大学教育研究評議会」と改称して教育研究に特化するようになったこと。管理運営については特別委員会を設置して、そこで審議することに、そして、加えてこの大学教育研究評議会を学長の諮問機関とし、決定機関にしないこととしました。

２０１２（平成24）年6月には、副学長の選考制度を見直しました。従来は、副学長の選任でてこずったことは先ほどお話ししました。さらに、副学長を1名から3名体制に変え、総務、教務、学生と領域別の担当制を設けました。現在は1名欠けているので、早急に3名に戻したいと思っています。この副学長体制は、学長が推薦して理事会で選考する制度であり、現在、副学長の1人は職員です。大学のさまざまな改革を進めるうえで、職員の役割は非常に重要です。教員は大学を通過していくものなので、あんまり大きな期待をかけられても教員自身が困ってしまいます。教員を称して「高級渡世人」と揶揄された名高い理事長が関西にいらっしゃいました。それよりも、教員を支える立場の職員、それも改革の使命感を有する組織化された人たちがグループで存在していることが、改革には肝要だと思います。

追手門学院大学では、アサーティブ入試という、あまり聞き慣れない名称の新しい入試制度を導入しました。職員の副学長を中心に考案された制度ですが、この制度は単なるAO入試ではなく、面接を職員が行うことが基本となっています。こんな制度は教授会の諮問機関化が実現していなければ、教授会から大反対を食らって実現できなかったものと思われます。職員をフルに活用した面接の実現のためには、副学長が非常に細かい指導をするとともに、学力試験には情報処理を専門とする教員が開発した「MANABOSS（マナボス）」というソフトを使います。かなり難しいテストで、副学長によると、マナボスによる学力試験の点数と面接での評価点とでは結果がかなり異なっているそうで、両者の結果が連動していないことも面接の意味を考えると好ましい。入学後のいまも追跡調査や指導を行っているとのことで、今後の成り行きに大いに期待をもっています。

面接の方法は、例えば「君は、なぜ大学に来るのか、なぜ追手門に来たいのか？」と尋ね、その答えによっては、「そういう考えだったら、うちに来なくてもいいのではないか」と話すこともあるという。ところが、それを聞くとほとんどの高校生が食らいついてきて、合格したけれども入学しないという受験生はほとんどいないと聞いています。面接のつど、どうしても追手門学院大学に入りたいのであれば、君が学んできたものを大学でいかに活かすか、きちんと目的意識を持たないとだめだよと説教じみたこともまじえて、何度もやりとりを重ねます。

また、ディベートコンテストのようなことも行います。あるテーマに対して、賛成側と反対側に分かれ、本年度は「動物園の動物は幸せだろうか」というテーマで議論をさせたところ、「種の保存」を言い出した受験生もいて、その議論自体が大変おもしろかったそうで、できることなら、いまのＡＯ入試の枠を全てアサーティブ入試に切り替えたいという声も出ています。手間ひまがかかる制度ですけれども。

2．教授会の学長諮問機関化

２０１３（平成25）年4月の教授会の学長諮問機関化は、決してすんなりと実現したわけではありません。最初に、先ほど述べた諮問機関化された大学教育研究評議会に諮って、さまざまな議論を経たあげくに了承を得ました。

しかし、それをうけての各教授会での審議では、最初の学則変更では、賛成2、反対2、保留2という結果になって差し戻しとなり、再度、評議会で検討して了承され、理事会でも承認されました。

次いで、教授会の諮問機関化のための教授会にかかる規程の一部改正についても、賛成2、反対2、保留2という結果でした。教授会にかかる規程の変更など、たまたま文部科学省の通達よりも先走ったところがありますが、本学の現状の風土では身動きが取れないという固有の事情からです。

人事については教授会では「審議決定」させないという内容です。そもそも「審議決定」の「決定」という部分が学校教育法には明記されていないにもかかわらず、追手門の教授会規程では各学部ともに「決定」という文言が入っていました。「決定」を各学部とも削除、審議は十分に尽くしていただいて結構ですという形にしました。

従来は、教授会の時間が長すぎる傾向であったので、「決定」をとれば、審議を尽くすと言っても、短くなるのではないかと。そして確かに教授会の開催時間は短くなりました。以前は、「議して決せず」の教授会で、8時間くらいかけて議論して何も決まらないということがあり、そんな時間があったら学生と向き合ってほしいというのが本意です。時間を有効に使って、もっと学生と向き合ってほしい、教育と研究のために時間を、そのための改革です。

教授会の規程の最終的な改廃も理事会で行います。従来は、規程の改廃は教授会の4分の3の賛成を得てということでしたが、理事会で教授会規程を改廃するようにしました。

2013(平成25)年7月に教授会の諮問機関化が決定したあと、新聞各紙上に教授会の権限を縮小するというような見出しが躍りました。新聞報道については、理事長と学長とで、記者会見を開こうと話し合っていたのです。新聞記者諸氏は、当然ながら、教授会の実態をあまりご存じないので、大学の事情通のある記者さんに基本的な記事を書いてもらって、記者会見に出る他の記者諸氏の予備知識として役立ててもらうことにしました。大阪で開いた記者会見には大勢の記者諸氏に来ていただけました。そして、大事なことは、諮問機関化が新聞報道されることで、つまり学内に封じこめないことで、この問題で怪しげな紙つぶてが飛んでくることは皆無でした。もくろみ通りです。何事にせよ、社会の風穴を開けるにしくはありません。

2013（平成25）年11月に、理事会改革の一環として、理事と評議員の定数を約半分にしました。これも、かなり思い切った改革です。それまで「16人から19人」だったのを、議論をスムースに進めることができるように「8人から10人」と非常にコンパクトな理事会にし、評議員についても「37人から46人」を「20人から30人」と約半分にしました。

先ほどの義本審議官のお話にあった監事・監査機能の強化は当然のことで、内部監査室を設け、常任監事も置いています。非常に厳しい監査で、てこずることもありますが、とてもありがたいことと思います。また、教授会が諮問機関化されたことにより、教授会の時間が短縮された、と申しましたが、いま教授会での議論の中心的なテーマが「授業マネジメント」です。この「授業マネジメント」については、理事長が公開授業を熱心に見学してまわっていらっしゃるのですが、教員が私語をしている学生を放置しているとか、遅刻や居眠り学生が目立つなど、授業崩壊が部分的に起きていた現状に立腹されたことを契機として、教室での私語やスマートフォンの使用を一切なくそうという趣旨で論じられるようになったという経緯があります。大学の外部で過ごされてきた理事長の目は新鮮です。

さらに、われわれも学生と向き合おうと、理事長と学長が「ランチタイムトーク」という名称で学生とグループごとに話をする機会を設け、月に2回ほど実施しています。ＵＩ科目の授業にも2人して出かけて行って、年に1、2回ですが、学生と率直な討論をしています。あらかじめビデオレターでメッセージを出しておいて、それを見た学生からの質問を担当教員が取りまとめる。そのやり取りを誘い水にして現場で即興の討論をやる。かつての団交みたいなことにはなりません。

若手を中心に教員とのグループ面談もやってきました。

教学組織の改革ではいまのところ、物理的な制約もあって実現した新学部はまだ一つですが、全学横断的なコースをいろいろと作りました。

また卒業生や教職員を含めて全学で応援できるスポーツの強化を通じて、帰属意識を高めるきっかけにしたいと考えています。

ご清聴ありがとうございました。

ガバナンス改革（私学経営研究会講演）

みなさんこんにちは。ただいまご紹介にあずかりました追手門学院大学学長の坂井東洋男です。よろしくお願いいいたします。

はじめに

追手門学院の概略についてはご存知の方も多いかと思います。そもそも追手門学院の発祥は大阪偕行社の附属小学校、大阪城の三の丸の跡地に創られ、それが現在の追手門小学校の前身です。創立から１２８年になります。追手門学院大学は、今年創立50周年と日の浅い大学でありますが、小学校は歴史も古く、西日本や大阪の小学校ではわりに評価を頂いてきました。長年、格付け会社に評価を受けていましたが、追手門学院大学は10年連続でシングルAフラットという評価、これは奇跡のようなものであります。定員割れこそ起こしておりませんが、長年改革を怠っていた、それでも定員割れを起こしていないというのは、なによりも追手門学院小学校の恩恵ではないかと。そんな感想を格付け会社に洩らしたところ爆笑されました。肯定の笑いですね。現在は、こども園・幼稚園から小学校、中学校と高等学校。この中高については２つずつあります。小学校のすぐ隣にある大手前中・高等学校と大学の隣にある茨木の中・高等学校。そして大学、大学院の総合学院です。

2015年度の学生数ですが、大学は6，527名、学院全体では9，911名です。さほど規模は大きくなく、むしろ中・小規模の学院であります。教育理念は「独立自彊・社会有為」。これを戦前から掲げているのですが、戦前は社会有為ではなく、国家有為だった。ところが、国家有為に対してGHQあたりからクレームがつき、社会有為に変更したと。平たく言えば、自立した人材を育成し、卒業後、社会で存分に活躍してくれる人材を作る、これが学院全体に及ぶ教育理念です。

ガバナンス改革とは

ガバナンス改革とは「気概ある法治」だと考えています。ガバナンスには強力なリーダーシップの発揮という響きがあります。日本語では「統治」になりますが、強力なリーダーシップといえば、どちらかというと「人治」、強力な人の力による統治に傾斜している。法治よりは人治に傾斜しているように思われがちですが、この人治はなかなかに厄介です。名君というか人格、能力ともに秀でた方がトップに立って治められるのが理想的で、めでたいことですが、名君は往々にして暴君に変節します。名君が徳をもって永く統治される、いわば徳治であれば言うことはありません。しかし、稀に名君のままで終わられたとしても、その後を継承した人が人治だけを引き継いで横暴な統治をほしいままにすること、これは世の中、どんな組織でもめずらしくないわけです。ですから、あまり人治に頼ってはいけないと思います。となると、法治に頼らざるをえないわけですが、この法治というのもなかなか厄介で、統治にあたる為政者を縛る面も確かにあります。約束事を無視して、つまり、法によらずに勝手な振る舞いをするわけにはいかない、という意味ではトップにとって法治は不自由です。それと同時に、組織の構成員が、たんに法令順守という順法精神だけではなく、高い倫理意識をもたないとその組織は退廃していくと思います。

大事なポイントはそこで、民主主義もそうです。法治に拠らざるをえないのだけれども、組織の構成員がトップを含めて法治の難しさの自覚を持たないと、なかなかうまくガバナンスは機能しません。法治だからと、ただたんに法令や規律を定めて運用するのではなく、そこにはやはりトップが気概をもった法治でないといけません。トップダウンだけでやるのはまずいし、逆に、ボトムアップだけでやるのでは物事は進んでいかない。最終的にはトップの方の腹をくくった決断が不可欠になります。腹をくくった決断というのは、何か判断にしくじりがあれば自分が責任を取る、引責辞任するくらいの気概を持ってやらないと構成員は従わないと思います。これが基本です。ガバナンスでの基本はトップの気概と責任ある法治だと思います。

ガバナンス改革の進め方　その1

追手門学院大学ではガバナンス改革をどういう流れで進めてきたか、以下簡単に説明いたします。

２００９年、執行役員を制定しました。執行役員は各校園長、各学部長等々です。それぞれの領域について執行を進めるというものです。

２０１１年4月に理事・評議員の改革を行いました。理事長にお会いになられた方もいらっしゃるかもしれません。川原俊明氏という大阪の弁護士で、10年あまり外部理事として追手門学院の経営にかかわっていらっしゃいました。小学校から高等学校まで追手門学院の卒業生で、学院の卒業生で初めて理事長になられました。川原理事長はこのままでは追手門学院はつぶれてしまうというのが口癖です。確かに義憤と申しますか、何とか追手門学院を立て直さないといけないという切なる思いを強くお持ちの方です。不思議な魅力をお持ちの方で、驀進的ないちずな面とともに、純にして私利私欲を伺わせない。だからこそ、学長として同じ船に乗れるわけです。

２０１１年11月に理事長室が設置され、そこで理事長直轄の特命業務を推進することになりました。現在では理事長・学長室として統合されています。

２０１２年3月に新たに専務理事というポストを設置されました。同時に学長を最終的に理事会にて選任する制度を確立しました。私が追手門学院に赴任したのは２０１２年4月、専務理事としてでありました。就任前も追手門学院とはご縁があって、熱心にお誘いいただいていた。ところが、専務理事として赴任する直前に偶然、学院長が辞任され、また、赴任した直後に学長が辞任されたこともあって、私がその年、２０１２年の7月に学院長、そしてしばらく時間をおいて学長に選任されました。

２０１２年4月には学部長の選考について改革を進めました。それまで、学部長は各学部の教授会で選考をしていましたが、すべての学部長について学長が選考し、理事長が任命する制度にしました。諸悪の根源は選考方法であり、特に選挙です。選挙は非常に民主的な制度に見えて選挙があるがゆえに附随してもろもろの動きもありますし、愉快ならざることも起こるので、選挙結果だけで物事を進めないという方式に変えたわけです。ただし、教授会での選考を完全に無視したわけではなく、学部の教授会で推薦された方、そして学長が推薦する方から理事長が選任するという制度でした。実際には学長や教授会が推挙した別の方を推薦することはなく、同じ方を推薦して選任されています。

同じ年の4月に大きな改革として、会議の見直しをしました。大学評議会というのは追手門学院大学では最高位の執行機関で学長、副学長、学部長、学部の教員等々で構成されていた会議で、教育研究に加えて、経営等についても審議決定していました。この大学評議会を教育・研究と管理運営との会議に分離し、大学教育研究評議会と大学運営特別委員会といった構成員を分けて議論するようになりました。棲み分けしたわけであります。ある意味、当然の変更でしょう。

２０１２年6月に副学長の選考制度についても見直しました。なぜ副学長選考について見直したかと言いますと、じつは私の2代前の学長が学長に選出された直後に、副学長の選任で頭を悩まされたことがあったためです。学内の過半数の教職員の支持を得た学長が、自分の片腕たる副学長の選任で難儀された。副学長の選任については大学評議会で同意を得る必要があったために大学評議会で推薦したところ、保留という形で事実上否決された。時間をおいて、再度、大学評議会で同じ方を推薦されましたが、否決（保留）された。3度目にやっと認められましたが、学長が折れて、別の方を出したため、同意を得られたとのことです。これは不思議な話です。教職員の過半の支持を得て選ばれた学長が自分の片腕として推薦した副学長を否決されるという話は寡聞にしてあまり聞いたことがありません。自分たちが選んだ学長が副学長にこの人をと推薦したのなら、よしんばその人がどういう人柄であれ、学長を信頼してそれを認めないと組織としておかしいと思います。

前任校での学長として

副学長人事で思い出すのは、前任校で学長に選ばれた際の話です。前任校の学長選考制度は立候補制ではなく、執行部の方で5名の候補を挙げて、その候補者について教職員が投票して過半数を得たものが学長に選ばれる制度でした。私は、執行部の方で候補として挙げられたわけで、立候補したわけではないのに所信表明を書いて欲しいと言われました。で、いかに自分が学長にふさわしくないか、「不適任」という言葉をキー・ワードに、10項目ほど列挙しました。まず、「学長には学長らしい顔があろう。私は保護者から怖そうな方だと思っていたといわれた。こういう顔の人間は学長になるべきではない」など10項目ほど挙げました。最後に、これ以上挙げると逆宣伝になるという言葉で締めくくったのを覚えています。意に反して、学長に選ばれた。就任前に副学長人事などで打合せをしたいと幹部職員が3人来られました。その時に、私はある人を副学長にしたいと推薦しました。そのある人というのは前任校の副学長としては意外な人事でした。長年、組合の執行委員長をしていた方だからです。私は組合の理念や経緯とは無関係に、人として好人物、また決して狭い視野で学内の教職員の利害だけを考えているのではなく、委託された掃除のおばさんの休憩場所のことで、団交で涙を流さんばかりに理事に訴えている光景をみたこともありました。すごく感動したことがありました。飲み友達でもあって基本的な考え方や打たれ強さも知っていました。是非、副学長にしたい。もし、その方を副学長として難しいと拒否されたら、私も学長には就かない。何といっても不適任ですからね。腹をくくっていました。彼の名前を出すと、理事の幹部職員たちは一瞬沈黙しました。それはそうでしょう。今まで敵対していた立場にある方を副学長にするといえば戸惑うと思います。ところが、一呼吸、二呼吸、息をのんだあと、そろって爆笑した。つまり認めたわけです。私は必ずしも計算づくではなかったですが、不適任だと言ったのだからもうなんでもできるぞと。自分には未練も何もない。そう思っていました。

もう一つ前任校で行った改革で思い出したことがあります。前任校で変えたことの一つは専任教員の定年年齢を70歳から65歳に引き下げたこと。これに対し、教員は当然ながら猛反対しました。反対したけれども、最終的に折衷案として、いま在籍している教員については現状の70歳定年のままにし、次から来られる教員については65歳にするという案を出しました。現教員にも選択できるようにする、退職金の割り増しをつけてと言ったら、すっと潮が引きました。こんなものなのか、思案の中心はわがことかと正体をみた思いがしました。いまや多くの大学で65歳定年が一般的かと思いますが、当時は70歳が珍しくなくて、同じことで苦労されていた東京の大学と連携、情報交換しながら進めていました。

ガバナンス改革の進め方　その2

話は戻りますが、副学長を選ぶことで、2代前の学長がこれほどの難儀をなさったとは考えもつかなかったのですが、当時、追手門学院大学では教員評価制度の導入など様々な問題で難儀なさっていたと議事録などから伺えます。

2012年6月には副学長の選考制度を見直したのと同時に、副学長を1名から3名に増やしました。副学長は現場に直接関わって大変なため、総務・教育・学生という3つの領域に分けました。そのうちの総務領域担当の副学長は職員です。多分学外でも色々と講演などをされているので、ご存知の方もいるかと思いますが、後にも触れますが、入試改革にご尽力いただいた福島副学長です。

2012年9月に「追手門ビジョン120」というグランドデザインを具現化するために、中期経営戦略の策定を進めることになりました。

2013年1月には学部長を補佐する体制として副学部長を設置しました。さらに職員の学部長補佐を各学部に置きました。教員と職員の持ち味が違いますので、学部長を支援し、教職協働を進めていく体制をこの時点で作ることができました。学部長補佐の役割ですが、シラバスチェックが一つ挙げられます。シラバスは相当バラバラで、緻密に書かれているものもあれば、大雑把にしか書かれていないもの、ずさんなもの、これの全てに学部長補佐が丁寧に目を通し、担当の教員とやり取りしながら統一の取れたシラバスに仕上げていただいています。その他にも学部長補佐には、留年生や成績不良の当該学部学生と連絡をとって対応、相談を行ってもらっています。

２０１３年4月には、以前に設置されていた大学ガバナンス検討委員会と称する学外理事を含めた執行部の方々で構成された本学でのガバナンス改革をどう進めるか検討する会議の答申に基づき、学長選挙を廃止して選考委員会で学長を選任する制度に変更しました。じつは、私が学長に選ばれたのはその制度によってではなく、選挙制度が残っていた時でした。２０１２年7月に学長に選ばれたときには、学内で選挙があり、最終決選投票では2位でした。ただ、その選挙の前に学長選考は選挙結果の意向を踏まえて理事会が決定するという制度に変わっていましたので、2位でありながら選ばれたわけです。現在は選考委員会が3人の候補者を挙げ、選考して選任することになっています。この新たな制度ではまだ選考したことはございません。

２０１３年4月に基盤教育機構を設置しました。基盤教育機構とは、昔の教養部のようなものだとお考えいただけたら結構です。全学共通の教養教育を担うもので、学部と同じ位置づけにしています。

さらに、教授会の審議事項を教育・研究に特化し、教員人事は外すことにしました。これが当時、新聞等に話題として書かれた追手門学院のガバナンス改革です。新聞各紙が「追手門学院大学の教授会が決定権を持たない審議に徹することとなった」というように取りあげて頂いたおかげで、学内で紙つぶてみたいなものが飛んでくることはございませんでした。やはり、ふたをしてしまうのは不味く、何事も社会に風穴をあけ、公にしてしまうのが確かな方法だと思います。学長の諮問機関化したというのは、学長の権限がすごく重くなった、強くなったとお思いでしょう。確かにそういう面もあります。制度上は、学長が駄目だといえば駄目になるのですから。ただ、その反面、責任が重大です。責任を他に転嫁することができません。

多くの大学等では起こっているかもしれませんが、教授会の抵抗にあって改革が前に進まないなどという言い訳はできません。できなくなったら学長が責任をとって辞める。これが至極当たり前のことです。

教員人事については、教授会で発議させず、全学的な教員人事委員会で検討し、そこで発議されたものについて教授会で検討してもらうという形に変えました。教授会からこの分野、あるいは、この人を採用して欲しいという要望を受けては動かないことしました。ともすると教授会人事というのは縮小再生産になりがちだからです。教員がご自身の領域を大切にしたい、拡充したい、これは情としてわかるのですが、本当に立派な方をとっているかというと、必ずしもそうとは限りません。自分の意のままになる、子分になるような方を採用したいという人事がないわけではないのです。自分より小粒をとろうとする傾向、それが縮小再生産です。本当に立派な方をとる人事はもちろんありますが、ともすると縮小再生産になりがち、そういったことでは教育も研究も先行きが暗いので、全学的な改革の方向性を念頭に置いた、人事制度に変えたわけです。

２０１３年７月には、教授会を学長の諮問機関とする旨を明文化しました。もちろんその前に学則を変えました。まず、学則の改正を大学教育研究評議会で了承をしていただいたうえで、各教授会に投げかけました。各学部教授会では賛成２、保留２、反対２に分かれました。これは５学部と基盤教育機構での議論の結果です。この結果を受け、再度、大学教育研究評議会で審議し、改正を決定しました。その後、教授会規程の改正についても諮ったところ、同じ結果でしたので、大学教育研究評議会で改正を決定しました。当時、教授会は6時間から8時間と長時間、結論なき議論をしていたようです。これは時間の壮大な浪費です。それを学生や研究に費やしてもらいたいというのが本意です。

2013年11月には理事会改革として理事、評議員の定数を半分にしました。現在の理事は8名から10名に、評議員は20名から30名になりました。スピーディーに物事を運ぶためです。

ガバナンスを進めた後

2014年には、様々な改革が進みました。まずは、教授会が議論の場になりました。議論する内容を学長の諮問事項として教授会に投げかけています。それについては後述します。授業マネジメントというのは本学の造語ですが、授業を見てみると私語が多くみられます。その私語について肝心の担当の教員が無関心であります。また、スマホをいじっている、遅刻の常習など真摯に授業を受ける態度に欠ける学生をいかに健全にしていくか、改善していくかということを授業マネジメントの課題として各学部に投げかけ、各学部で対応していただいています。2016年4月からは遅刻は認めないというルールにしました。といっても事情は様々ですので、遅刻をまったく認めないわけにはいきませんので、遅刻3回で欠席1回とみなすルールにしました。

また、グローバルキャリアコースやスポーツキャリアコース、国際化など全学的な取組が迅速に進むようになりました。さらに自校教育にも、一貫教育を含めて力を入れています。体育会系クラブの強化もしました。クラブ強化は学生、卒業生に帰属意識を持ってもらおう、愛校心をもってもらおうということで強化しました。浮沈はあるでしょうが、いまのところ一番うまくいったのは野球部で、29年ぶりに1部に昇格しました。また、女子ラグビーや女子サッカーも順調に進んでいます。決してスポーツビジネスとしてやるわけではなく、みんなで応援できるスポーツを盛り上げ、学生を元気にしたいと思っています。学生を元気にというところでもう一つ「追いプレグランプリ」を立ちあげました。これは社会への働きかけを伴った企画、学生が自主的に立案した企画を採択して、年間の活動資金50万円までを支援するというものです。

アサーティブ・プログラム、アサーティブ入試については文部科学省の大学教育再生加速プログラムに採択されたもので、他大学からも好評を博している入試制度です。総務領域担当の福島副学長が中心になってご尽力いただいたもので、単なるＡＯ入試ではございません。1次選考ではグループディスカッションで選考し、2次選考では面接と学力試験を行います。特徴は職員が基本的にすべてに関わります。1次試験のグループディスカッションでは、昨年度、「動物園の動物は幸せか」というテーマで議論させたところ、受験生からは意表をつく発言もあり、「種の保存」などの話まで出たようです。そういった評判もあってかどうか、昨年度の入試の志願者増加率が日本一になりました。今後はＡＯ入試をやめ、アサーティブ入試にすべて変えたいと考えています。ただ、すごく手間暇がかかります。現在、職員は53名が関わっていますが、今後はその人数も増やしていきたいと思っています。もし、教授会の諮問機関化が実現していなかったら、教授会が反対していたことは火を見るよりも明らかです。「入試で職員が関わるとはいったいなんたることか」。そういう声が当然予想されます。しかし、すんなりとアサーティブ入試の導入にまで至りました。

２０１５年度には６番目の学部として地域創造学部を設置しました。さらにリーダー養成コース、笑学研究所なども設置しました。笑学研究所は話題を呼びました。先日、台湾の大学を訪問した際にも、笑いの研究所を作ったのですねと言われました。大阪の大学として、大阪のために貢献するには何が良いか、あるいは大阪だけでなくこれから社会で活躍してゆく学生に必要なのは笑いの感性ではないか、人を笑わせたら重宝されると、笑いについての研究を始めようと設立しました。他にも様々な改革をすすめてまいりました。

まとめ

ガバナンス改革で教授会の諮問機関化を進めた結果、各教授会の会議の時間はだいたい1時間くらいで終わっていると聞きます。延々とやっていた従来とは様変わりです。私は就任した直後に、ある教員から教授会の話を聞いて、追手門学院大学では会議という言葉は「会して議せず」。みんな集まるけれどもまとまりのある議論ができない。議決というけれども「議して決せず」。議論はしても結論が出ない。決行というけれども「決して行わず」。乱反射のような議論で結論が出ないし、一定の結論を出したと思っても実行に移さない。何事にせよ、それなりの形を作るが「仏を作って魂いれず」といいますか、形作りに終始して、形骸化してしまうきらいがあったように思います。それがいまではいたずらに議論するのではなく、速やかに会議を終わり、学生の方に顔を向けてもらっている。そういうふうに変わりつつあります。少なくとも、その兆しがあります。教授会には不定期に諮問事項を投げかけています。たとえば、学生の満足度向上のための授業改善について、あるいは、また、中退・留年対策やキャリア支援など、各学部からそれなりの改善策が出てきています。大切なことは、「決したことを行う」ことです。改善に向けてご苦労いただくことです。

最後に本学のキャッチコピー「自分史上、想像以上」について説明しますと、これまで自分が想像もしなかった成長を追手門学院大学在学中に果たせるし、また、そのように実感できる学生生活を、という意味です。その補佐役として、教職員一同今後も邁進していきます。

ご清聴ありがとうございました。

5. 学院の歴史と将来

「天命を知る」50周年

追手門学院大学は、このたび創立50周年を迎えました。人間でいえば50歳、「五十にして天命を知る」（「論語」）節目です。どのような役割や使命のもとにこの世に生を受けたのか、果たすべき役割は何か、それを省みる年齢です。

これを大学に置き換えて、果たして本学の現状は、社会の負託に応え、設置の理念、すなわち建学の精神をお題目ではなく具現化されているか、それを謙虚に省みる機会です。

「独立自彊」は、本学が究極的な育成目標に掲げる人材像。強靭で健全な心身をもち、自主的な行動力と判断力をそなえた、自立した人材の育成。さすればこそ、将来、社会で存分に活躍できるわけです（「社会有為」）。

この50年、各界に幾多の人材を輩出してきたのは紛れもない事実です。とはいえ、人材育成の質量で、同時期に創設された他大学と比しても後塵を拝してはいないと自負できようか。創設の高邁な志に立ちもどってみる好機です。

大学創設は、その4年前に学院長に就任されていた天野利武初代学長の並々ならぬご尽力の賜物です。幼稚園の設置こそ5年後のことになりますが、小中高大の一貫教育の体制作りが天野学長の悲願でした。天野学長の10年前にも大学を創設せんとして果たせなかった。事情は分かりませんが、天野学長のご苦労のほどが偲ばれます。

一貫教育体制に大学設置は不可欠の要素ですが、学院の最上位にある大学の在り様や評価が下位校に影響を及ぼすことを自覚せねばなりません。

創設時はいわゆる団塊の世代の大学入学時期、それが追い風となって幸いしました。当時の大学はいずれも似た状況で、キャンパスは定員をはるかに超える学生であふれかえっていました。特に本学にとって、大阪偕行社附属小学校に淵源をもつ追手門ブランドが絶大な威力を発揮しました。崇高な志、礼節を重んじ、心身の厳しい鍛練と社会貢献をうたう建学の精神に対する社会の高い評価が追手門ブランドです。

その威力を実感したのは近年のある機会でした。昨年度の入試こそ志願者数の増加率が日本一だと週刊誌でおだてられましたが、昨今4割を超える大学で定員を割っているさなか、数年前までは改革らしいめだった動きを見せなかったにもかかわらず、本学で定員割れを起こす学部や学科が皆無であったのは、ひとえにブランドの威力に負うものだったと思われます。

天野学長が開学まもなく新入生ともたれた座談会の記録が残っていますが、開学当初から天野学長の念願は総合大学として理系学部をもつことであったようです。やはりそうか、学院の一貫連携に実効あらしめるためにも、ぜひ実現したいものです。

自分史上　想像以上！

抽象的な言い方になりますが、近年、少子化のあおりを受けて、文科省の「指導」が急速に厳しさを増しています。5、6年前までに前任校での学部設置の申請などの際に肌で感じていた感触とは大きく違ってきました。

そうした厳しい環境変化にあって、学内関係者には、新学部の設置や教育課程の改編業務などで懸命に奮闘願っています。

教学組織の改革とは別に、いかに学生の活力を引き出すか、これが教育現場での変わらぬ課題であり使命であると言えましょう。

学生が生き生きと躍動するキャンパス。そのための一つの仕掛けとして、学生の自発的で意欲的な企画をつのる「学長杯　追手門グランプリ」を設けました。学内での活動にとどまらずに社会への働きかけをともなう、「追大生ここにあり」の気概をしめしてくれる個人やグループでの活動です。プレゼン能力も飛躍的に増大するはずです。

採択した知恵のある企画には1件につき年間の活動資金50万円までを支援するものです。採択件数に制限を設けません。説明会には七十余名が参加、25件の申請がありました。

学生諸君には、自分の能力を限らずに、臆することなく活動させたい。それによって、自分でも気がつかなかった秘めた能力が拓かれます。教育とは知識の伝授ではなく、才能や意欲を引き出す手伝いをすること。想像以上の自分に成長できますよ。「自分史上　想像以上！」という追手門学院大学のキャッチフレーズにはそんな念願がこめられています。

追手門学院大学の更なる輝きのために

本学は様ざまな改革に取り組んでいる。そうした改革の課題とは別に、お願いしたいのは教育における視線の濃やかさ、すなわち「仏作って魂入れず」というときの「魂」の部分である。4月の教授会でも議論いただいた留年生の指導。いや、4年間での卒業を第一義に考えれば、留年が決定してからでは遅きに失する。低学年次での低単位生に対する指導に魂を入れたい。留年を未然に防ぐ意味では低学年時での指導こそ重要であろう。そのためのシステムや制度を作るとともに、魂の部分が大切である。個別の学生の個性に対応した、一様ならざる心配りをお願いしたい。

下位への視線の一方で、追手門学院大学が一層の浮上を期すためには、上位（上質）の学生を掘り起こし戦略的により高みへと育成することに力を注ぐべきであろう。「上位」とは、学業成績に限るものではあるまい。学業成績は能力や個性を測るほんの一つの秤でしかない。学内でときおり雑談する学生は数が知れているが、飛躍の可能性を秘めた学生が少なくない。きっかけさえつかめば、「化ける」学生たちである。低単位の学生にもそうした学生がいる。量的にも質的にも「就職に強い大学」をめざすことで本学の浮上をはかりたいものと考えている。

自分に厳しく、誇り高き体育会活動を

追手門学院大学体育会は、創立以来、幾多の輝かしい業績を残してきました。みなさんには、その後継者として誇りを持っていただきたいと思います。

それぞれの部の歴史と伝統を受け継いでもらいたいものですが、受け継ぐべきは、部の成果だけではありません。本学の課外活動の究極の目的は、日々の活動や鍛錬を通じて確固たる人間形成に励み、「建学の精神」を体得することにこそあります。

課外活動は、部員仲間との切磋琢磨を通じて、協調性や自立性、責任感や忍耐力などを身につけ、人間性を磨きあげるための精神道場であることを忘れてはなりません。

部活動には、それぞれに最小限度の約束事があります。多少の窮屈さや束縛感を感じられるかもしれませんが、約束事がなければ集団活動は成り立たないし、それはクラブ活動に限ったことではなく、家庭には家庭の、また地域社会や国家や国際社会にも、それぞれに守られるべき約束事があります。

本学は個性的な卒業生を輩出してきましたが、個性は、自由気ままで、放縦な生活態度からは育まれません。部員仲間と協調性をたもちつつ、「権利と義務」「私と公」のけじめをつけ、自分に厳しい生活態度を身につけてこそ、輝かしい個性が形成されるのです。自我を抑制することは決して

個性を殺すことではないことを心に刻むべきです。

約束事は他律的なものですが、その約束事を守るとともに、自発的、自主的に自分を律することができてこそ、追手門学院が理念として掲げる「独立自彊・社会有為」の精神が培われます。

鳥が抵抗のない真空状態では飛ぶことがかなわぬように、国際社会に雄飛しうる、個性や創造性豊かな人財は、他者と協調しつつ、自分を厳しく律する緊張感ある生活のなかでこそ育まれるものです。

その意味で、課外活動は、各々の志や夢の実現のために、日々、人間性を磨く修練の場です。

もちろん、学生は正課を本分としなければなりませんが、究極のところ、正課の学業も課外の部活動も、自分に対する甘えを許さぬ厳しさでは根がひとつに繋がっていることを銘記すべきです。

いま社会が求めている人財は、学業の修得もさることながら、あるいは、それ以上に、容易にへこたれぬ、不屈の精神力、気概のある人財です。それを培う有力な手段の一つがクラブ活動であるわけです。肉体的、また精神的なスタミナをつけていただきたいと思います。

学長は、体育会部員のみなさんの日々の鍛練に対して心から敬意を払い、誇りとしています。

先輩諸氏の奮闘を励みに

大学創立50周年を記念しての『追手門学院の履歴書（大学編）』が出版の運びとなりました。ご多忙にもかかわらず、執筆をご快諾いただいた27名の方々に厚く御礼申し上げます。

今回ご執筆いただいたのは、スポーツ分野でめざましい活躍をみせた10代の3名、うち1名が在学生であるほかは全て卒業生。各界で華々しく活躍している幾多の卒業生のほんの一部の方に過ぎませんが、数多くの珠玉の名作で知られている芥川賞作家の宮本輝氏を始め、大学など教育界で尽力なさっている方々、タレント活動や海外でのボランティア活動、あるいは個性的な企業の経営者や役員とまことに多士済々、まさに本『履歴書』は本学卒業生の力量を如実に誇示するものにほかなりません。

本書を出版した目的は、創立50周年の機会に先輩諸氏の活躍ぶりを再確認することと、そのことで学生諸君には発奮材料にしていただきたいという願いもこめています。時代の風潮で、ともすると微温的な空気に流されがちです。のんべんだらりと過ごしたいのは誰しもの願いですが、若い頃には、張りつめた気分で奮起する時期をもちたいもの。

社会に出ての活躍は才能の賜物である以上に、その陰には人知れぬ奮闘が秘められています。障害や壁を乗り越えてこその開花です。本学院の「独立自彊」という崇高な教育理念を体現するためには、功は一朝一夕にしては成らぬことを肝に銘じ、厳しい自己鍛錬に励まなければなりません。

難しい課題に挑戦し、それが成功するかどうかの分かれ目は、能力以上に根気がものを言います。

そして、その根気は、悲観的に物事を考える姿勢からは、決して生まれません。

どんなに難しいと思える課題に対しても、不可能な課題、克服できない課題などはないと考える楽観精神、あるいは、プラス思考、これが追手門学院大学の学生、卒業生に、伝統的に受け継がれてきた優れた気風、美風であります。

1度や2度の失敗でくじけない、不屈のチャレンジ精神、追大学卒業生のこの伝統精神をぜひ引き継ぎ、先輩諸氏につづく「社会有為」の活躍を期待しています。

教育後援会会報100号を祝す

教育後援会会報は1977年の創刊以来、このたび100号の記念すべき節目を迎えられました。まことに慶賀の至りです。また教育後援会の皆様には、平素、何かにつけて、大学をご支援たまわっています。今後とも教職員一同、皆様の負託とご期待に応えるべく、ご子弟の教育に一層尽力する所存です。

新年早々、朝日、毎日の新聞紙上で、笑学研究所を基軸にした広報がお目にとまったかもしれません。その写真をポスターに作成して学内の各所に貼り出されています。ビリケンさんのぬいぐるみと学長が握手している、相撲でいえば、「けたぐり」のような意表を突く広報でしたが、学生たちにも食堂のおばさんたちにも好評を博したようです。今後は正攻法で、本学の教育や研究の「売り」を発信しなければなりません。

学生たちは課外活動でも気を吐いていて頼もしい限りです。近年の学生たちは概して謙虚で素直です。謙虚さは美徳ですが、若いときには多少は生意気なくらいに尖ったところがあっても良いのではないか、と思うこともあります。その感想は若いころに軽はずみな失敗をくりかえしたわが身を正当化する言い草かもしれませんが、なにくそという気概のようなものを求めたいと思います。

教職員には、時に勇み足をする学生をも暖かく包みこむような懐の深さを求めたいものです。若いときには、苦い経験を積みながら少しずつ成長してゆくもので、「角を矯めて牛を殺す」ことは厳に慎まなければなりません。

今年の5月29日には大学創立五〇周年の祝賀式典を予定しています。「五十にして天命を知る」節目です。本学の「天命」は独立自彊、社会有為。この創設の志、すなわち人材育成をたんなるお題目ではなく具現化しているか、それを謙虚に省みる機会にしたいと思います。

6. 惜別

井伏鱒二「さよならだけが人生だ」

3月末の任期満了をもって学長を退任させていただきます。校友会の皆様、とりわけ林田会長をはじめ役員の皆様には、4年8か月の在任中、ひとかたならぬ誼を賜りました。

学内誌『リベルタス』にも退任のご挨拶「老兵は死なず、ただ消え去るのみ」を書いたので、ここでは繰り返しません。

人生に別れはつきもの。というわけで、私は井伏鱒二の『厄除け詩集』所収の「酒を勧める」の妙訳、「さよならだけが人生だ」をこよなく愛誦しています。惜別の情を深くこめたもので、その詩の後半部分の直筆の書額も古書店で大枚を（?）はたいて買いました。骨董趣味の数少ないものの一つです。

その原詩の後半は「花発（ひら）くとき　風雨多し　人生　別離足る（多い）」。直訳すると、花が咲くと 雨が降ったり風が吹いたりするもの　人生に 別離はつきもの。

これを、井伏鱒二は「はなにあらしのたとへもあるぞ　さよならだけが人生だ」と思い切りひねって訳しているんです。別れのこの酒宴では、心ゆくまで飲みましょうよ。

別れの場での酒宴で思い起こすのは、テレサ・テンも歌った「何日君再来」（つぎはいつお目にかかれるの）の中国語バージョンです。せめて今は、心ゆくまで飲みましょうよ、召しあがりましようよ。彼女は日本語でも歌っていますが、歌詞の趣旨はだいぶ違います。
何かの折には皆様にまたお目にかかります。かさねてご厚誼に御礼申しあげます。

老兵は死なず、ただ消え去るのみ

追手門学院大学とのご縁は、京産大での学長時代、おそらくは2008年か09年に学院執行部の皆様を前に講演をしたのがきっかけではなかったかと記憶する。その前にも、大木前理事長と鈴木元学長とが京産大の当時の広岡理事長を訪ねて見えた折に短時間同席したことはあった。大木理事長は広岡理事長の兄上と茨木高校で同級、そんなえにしだったとお聞きした覚えがある。

講演のあと、大木理事長の使者として胸永理事が何度か京都まで足を運ばれた。京産大の学長を退任する前の話である。私のような浅学菲才を評価していただくお言葉は身に余るものだったが、軽くお聞きしていた。

定年前に京産大を退職した理由は2つ。①私は学長経験者が退任後もそのまま大学に居残ることについては就任時から潔しとしなかった。退任時が何歳であろうとも大学を去る心積もりであった。②くわえて、学長時代に理事として、あるいは部長として粉骨砕身の補佐を惜しまなかった職員の石田茂が学長退任の半年前に病死した。彼のように母校の発展に凄まじく心血を注いだ大学人を他に知らない。石田とともに去る思いをあらたにした。

3期8年の任期を満了したのは2010年9月であったが、退任の翌月の診断で大病が発覚、胃の全摘手術を受けたために退職は2012年3月になった。

その翌月からの赴任について家族は全員反対であったが、執刀医に相談したところ、特異体質のようだから何かの仕事に就くのは身体にもむしろ良いかもしれないとのことであった。その言葉どおり、術後6年を経ての検査結果は、完璧なようである。追手門学院大学に感謝せねばなるまい。

軽い職務のつもりが、4月に着任してみると専務理事のポストが用意してあった。大学での専務、私には容易に職務内容が呑みこめない重職である。くわえて、7月には思いがけず学院長と学長の兼務。

学院長として総合学園の厚みを感じる日々だった。記憶に残るのは幼小中高での入学卒業式の光景である。それぞれに思い出深いが、とりわけ幼稚園での式辞の際の園児との掛け合いの応酬はいまも瞼に浮かぶ。すくすく育ってほしい。

学長としては約4年8か月。メジャースポーツの強化は学院関係者の一体感を醸成するうえで不可欠のものと考えたが、必ずしも申しぶんないとはいいがたい。

教学組織の充実で本格的な理系の設置が念願だったが、財政的に腹をくくって臨まぬとかなわない。

笑学研究所を学内外の方々のご協力を得て設置できたのは幸いである。追随を許さぬ発展を願っている。研究対象としての「笑い」にとどまらず、学内が日々笑いある活気にあふれますように。

教育に力を入れるのは至極当然であるが、大学教員に望まれるのは前提としての研究力である。研究に精励している教員は、形は違っても学生の育成に力を発揮するものである。

追手門学院大学がさらなる輝きを放つためには教職員の自発的な奮闘、がんばりが不可欠である。

熱血の人・川原理事長のもと一致結束されますように。老いを自覚できるうちでの退任のご挨拶。

ご縁を結んだ多くの教員と職員の皆様にお礼を申しあげます。

7. 卒業式　式辞

2017年3月　卒業式　式辞（学長最後の卒業式）

皆さん、卒業、また大学院修了、誠におめでとうございます。皆さん、着飾っていらっしゃるけれども、快晴に恵まれて、大変良かったなと思います。

本日は、各学部を合わせて、1，336名。そして、大学院博士前期課程ならびに修士課程修了が23名。そして、博士後期課程1名と。合計、合わせて、1，360名の方が大学を卒業、あるいは大学院を修了されました。誠におめでとうございます。

ご臨席の各学部長、大学院長、各研究科長、ならびにご指導に当たられた先生方ともども、心からお祝いを申し上げます。

本日のこの学位記授与に至るまで、物心両面で支えていただいたご家族の皆さま、関係者の皆さまにも、心からお喜びを申し上げます。本日は、会場の都合から別室でモニターをご覧いただいているということで申し訳ございません。

皆さんは、本日のこの学位記、これを機に、これまで支えていただいた多くの方々に対する感謝の念を新たにしていただきたいと存じます。

長いようでいて、短い4年間であったと思います。中には4年では短すぎるというので、5年、6年はおろか、8年間フルに在籍して、このたび見事に卒業された方も経済学部に1名いらっしゃいます。つわものといいますか、頑強の人といいますか、心から敬意を表したいと思います。言うに言われぬ事情があってのことかと思いますけれども、よく頑張ってくれました。

在学中、皆さんは勉学に加えて、スポーツ、文化、また自治会活動等で頑張ってくれました。敬意を表します。このクラブ活動で得た仲間や達成感、あるいは望みが叶わずして流した無念の涙さえ、皆さんにとっては、生涯の財産であります。これから社会に出て、いろんな障害にぶつかったり、苦しい場面で、必ずや、皆さんそれぞれを支えてくれる心の杖となりましょう。

皆さんはこれからさまざまな道に進まれるわけですけれども、この卒業の段階で、これからの人生の行く先が決まったと思ってはなりません。人生は、未知の可能性に満ちています。未知の可能性というのは、岐路、分かれ道がたくさんあります。その岐路に直面したら、果敢に勇気を持って選択し、そして行動していただきたいというふうに願っています。

就職の壮行会の時でもお話しいたしましたけれども、自分が困っている、心が弾まないということ、必ず誰にでもあります。その時には、自分だけ特別なんだというふうに思わないことです。人、皆、それぞれにそういう経験をし、あるいはしてきました。

ある本で読んだのでありますけれども、これは戦争の話ですが、海軍の戦いでつらいのは、自分の船のダメージしか目に映らないこと。相手の船も同じようにダメージを受けているという、そういう想像力はなかなか働きにくいわけですけれども、そう思えば、自分だけではなくて、相手もということを思えば、ちょっと心の中で薄らぐ面もあるんじゃないかと思います。

もちろんここで戦争の話をしたいわけではございません。時に、気分が落ち込むなという時、そういう時には、空元気も元気のうち。空元気というのは、本物の元気じゃないけれども、元気であるかのように振る舞うこと。胸を張り、背筋を伸ばし、大きな声で人とやりとりをする。そうすれば、そのうちに、その空元気は本物の元気になります。そのことをしっかりと心にとどめておいていただきたいと思います。虚勢でもいいですから、空元気を出していただきたいというふうに思います。

本学の建学の精神、教育理念、皆さん、よくご存じだと思いますけれども、「独立自彊・社会有為」。独立自彊とは、噂やデマ、風評、こういうものに惑わされずに、多面的、多角的に分析して、自分なりの判断を下すということ。これが独立自彊。

そして、社会の発展のために力を尽くす。もちろん、社会だけではありません。家族の安らぎのために力を尽くす。「独立自彊・社会有為」、これを皆さんにはこれからいつまでも、この建学の精神、教育理念を記憶していただきたいというふうに願っています。

本日は、大学院でも24名の方が学位を授与されました。経済学では、博士の学位を得た院生は中国の方ですから、日本語で論文を書くということで、6年かけて論文を完成され、このたび学位を得られました。誠におめでとうございます。

また、修士の学位を得た23名の方々にも、心から敬意を表します。大学院でささやかなりとも、人が誰も述べていない。そして、自分なりにそれが正しいというふうな結論に至った時の喜びというのは、おそらく他の職業では経験できないものであります。

この喜び、これも皆さんにとっては貴重な経験であったと言わなければなりません。学問の喜びと怖さの一端に触れたことも、今後の人生において、必ずや目に見える形で生かされていくものと思います。

皆さんの在学中は、国内外とも激動の時代であります。先週の11日には、東日本大震災から6年を経て、そして各地で追悼の集会がございました。また、昨年は、熊本での大地震もございました。その傷跡は、まだ癒やされてはいませんが、少しずつ被災者の方々は、精神的に立ち直りつつあるかと思いますが、そういう時こそ、耐えがたい苦しみがあるかというふうに思います。遠く離れた私たちに何ができるわけでもございませんけれども、せめて被災者の苦しみや悲しみは事として記憶しておきたいと、忘れないでおきたいと思います。

この追手門学院大学での思い出を心の糧として、これから社会で一回りも二回りも大きく成長されて、存分に活躍されることを期待して、皆さんをお送りします。力強く、次の進路に向けて立ち向かってくださることを重ねて期待して、学長式辞といたします。本日は誠におめでとうございます。

8. インタビュー

聞き手　国際教養学部教授　木村　英樹

「貧乏やったで」――生い立ち、そして少年時代

坂井東洋男

木村　まずは生い立ちからお伺いしたいと思います。お生まれは京都ですね。

坂井　うん、京都の中京。たぶんな。僕は三島由紀夫と違うから、生まれた時のことは覚えていないけど。

木村　お生まれになったのが、西暦で言うと。

坂井　１９４３年。

木村　ということは、物心つかれたころは「戦後」間際ですね。その頃の京都は、どんな状況でしたか。京都はあまり空襲とかを受けなかったようですが。

坂井　当時はね、どう言うたらええかね。まあ、ごった返しておって、今の京都とは全然違うわな。

木村　最初の記憶に残ってる一番小さかった時の思い出というのはどんなのがありますか。

坂井　僕はね、近所のわりに親しくしておった家があって、その家でね、七夕の笹をわっと出しておったのは、よく覚えているね。あの当時はそんなん珍しくもないんやろうけど、だけど、あの七夕のあれは覚えているし、その家はね、おやじさんが何を考えてか、アヒルを飼ってはって、そのアヒルが動いておったのを覚えているわ。あれはたぶん、まだ学校に入る前やったかな。あの当時、

聞き手
国際教養学部教授
木村英樹

京都は空襲にはほとんど遭ってなくて、戦後は結構あちこち焼け野原というわけではないんやけれども、それでも結構バラックみたいなところもあるし、あの頃は、物乞いする人が結構いてたね。

木村　そうでしょうね。

坂井　あれは僕がまだ小学校へ入る前やけれども、七条の中央市場があるやろ。たぶん、あそこでもらってきたか、かっぱらってきたかは知らんけれども、魚をね、僕の家の近くの結構広い道で、たき火をして焼いてた。それがうまそうに見えたんだよ。

木村　お家はどの辺になるんですか。

坂井　壬生寺の近くなんだよ。

木村　ああ、あの辺りですか。

坂井　学校もごった返しておったからな。僕の小学校なんかもひどかったよ。1学年300人は超えておったんだよな。55人で6クラスやったから330人。上のほうの学年はもうちょっと少なかったとは思うけど。だけど、6学年でざっと1，800人というか、1，500人は少なくともおったと思う。休み時間なんかはもう、それは運動場で芋の子を洗うような状態やったな。そこで円を描いて相撲をやって遊んでおったのを覚えているな。

木村　戦後やから、どこもそんな豊かな家庭はないはずですが、その頃の坂井家の暮らし向きはどうでした。

坂井　貧乏やったで。

木村　貧乏でしたか。

坂井　そら、そうやん。生活していくのが、その日その日が精いっぱいやわな。

木村　お父さんもまだご健在やったわけでしょ、その時は。

坂井　うん。だけど、おやじもお人好しでな、よく騙されておったわ。

木村　その芋を洗うような小学校時代ですが、先生、勉強はよくされたほうですか。

坂井　僕はね、全然やっていなかったな。ただ、小学校3年生ぐらいかな、ちょっと頭角を現してというか。だけど、宿題もあんまりなかったな。宿題をたまにやっとったら、お袋から、もうそんなんやめときとかって言われたんや。そんなところで何をやってんねんやというふうに。

木村　勉強なんかしている場合やないでという感じですかね。

坂井　そう。ほんま、勉強しろって言われたことはないな。

木村　そういう風潮ですかね。その頃は特に。

坂井　たぶんそうやろ。僕の学年では中学、高校時代に近所のお菓子屋の子には家庭教師が付いておったな。塾も行っとるからね、珍しいんや。

木村　えっ、塾？　もうその頃、塾はありました。

坂井　僕も中学に入った時、1カ月間くらい塾に行ったことがあるねん。だけど、こんなんしゃあないわと思って、やめてしまったんやけど。お菓子屋の彼には家庭教師が付いておって、ほんで、まあ、ガリ勉やね。この間、同窓会に来とったけど、僕は勉強ばっかりさせられておったから、友だちはおれへんねんと言うてたな。

木村　その頃、坂井少年の先生観とか教師観みたいなのはどんな感じでしたか。

坂井　僕はまず最初に、小学校の1年の時に、新米の女の先生に濡れ衣を着せられて、休み時間が終わって教室に入るなり、「坂井君でしょう、あれをやったのは」とか言うてね。こっちは何の話かはわからへんわけやんか。ほんで、隣におった子が、「あれ、坂井君と違うのにな」と言うておったのは覚えている。それがね、その先生、通知簿にまで書きよったんや。「陰日なたのない子になりましょう」って。通知簿を見た親に言われたんや。これはいったいどういうことなんやと。いや、僕は全然そんなもん何のことやわからへんねんと言ったら、ああ、そうかでおしまいや、あの時代は。今やったら大変やったと思うで。

木村　今だと即刻学校へ抗議に行きますよね、親が。

坂井　だから、まずは教師に対する不信感というものをその時に持ったけど、3年生の担任は、あんまりやる気のない人で、感じが良かったな。いつも廊下を歩きながら歌ってはんねや。

木村　歌？　詩吟みたいな。

坂井　そう。詩吟みたいな。いや、詩吟というほど、高級なものと違うよね。なんか、うなってはって、ほんで、うちの家族に僕のことを褒めてはったみたいや。、坂井君はお姉さんとえらい違いですと言うて。姉もその先生に習ったことがあって、えらい違いですと言うて。それは1年間だけや。あと、4、5、6年生は同じ担任やってたんけど、京都には当時アサダ音楽学校というのがあったんや。その音楽学校出身で歌手デビューした人もいるんやけど、そこに通ってる先生やった。だからね、歌はうまかった。灰田勝彦の歌をね。

木村 灰田勝彦、ですか。

坂井 あの当時、修学旅行とかでバスに乗ったら歌うやろ。まず、自分が歌いはんねん。灰田勝彦を。まあ、うまかったな。だけどな、その先生は、ちゃんとした大学を出ていなかったんや。資格みたいなものがね。

木村 まあ、当時はそうでしょうね。戦中から戦後にかけて、代用教員とかもありましたもんね。

坂井 そうそう。それで、6年生の時くらいやったか、理科の授業のときに、隣のクラスの先生が教えに来て、その代わりに、その先生が音楽を教えに行ったんや。理科を教えに来てた先生は好きになれんかったな。一升瓶をぴゃっと黒板に描いて、途中のところにぴゅっと線を引いて、おまえたち、これは何と読むねやと言うてね。「一生（升）つ（詰）まらん」と言ってね。そんなことを子どもに教えるかと思ってね。荒っぽい人で、言うことを聞かんかったら、黒板の前にずらっと並べて、あれは10人ぐらい並んでおったと思うんや。それをパァーンとデコを押したら、後ろ、黒板に当たるやん。ほんなら、黒板がぐらぐら揺れておったの、今でも覚えているわ。

木村　先生もやられましたか。
坂井　僕はね、教師にべつにええ顔をしていたわけやないけど、怒られたことがない。だけど、その先生も、僕は好きにはなれんかったな。灰田勝彦はうまかったけどね。それだけや。この人はええこ贔屓するなと思ったから。直感的に子どもはわかるんだよな。ええとこのお嬢さんはよく贔屓されてたな。商売を何かやってはったんや。そういうね、事業をやってられる家の子は、女の子に多かった。だから、そういう子は、中学校は公立の中学に行かないで、私学に行った。
木村　女学校ですね。
坂井　そう。京女とかね。
木村　京都は、その頃は私学の女学校が多かったでしょうね。他の都市よりはね。
坂井　そやねん。中学はわりに寂しかったけどな。みんな、女の子はそういうので消えてしまったから。

「わりに英語を勉強した」

木村　陳腐な質問ですが、恩師って、誰にでも1人や2人はいるようですが、先生にとって恩師として名を挙げられるような方は、どなたですか。
坂井　それはね、僕は、勉強というのはあんまりやっていなかったんやけど、中学の時に、2年の担任かな、英語の先生やったんや。あの人は熱血教師で、僕は熱血教師って嫌いなんや。嫌いなんやけども、あの人はほんまにええ人やった。教室中走り回って、何でこれがわからんねやと言うて、バンバン叩いて、走り回るねん。

木村 若い先生ですか。

坂井 うん。もうその後、僕らを教えたすぐ後、同じ中学にいた女の数学の先生と結婚してたから。あの先生に会ったから、僕はわりに英語を勉強したんだよな。中学3年の時は、英語の教科書を全部丸暗記。丸暗記したら、強いもんなんや。

木村 そうですね。中学ぐらいの英語は、本当そうですね。僕も試験前は、いつも、まず全部日本語訳をノートに書いて、その日本語を全部英語に直して。それでだいたい全部覚えられますよね。

坂井 そう。

木村 それ以上のことは出ないわけだから、だいたい。

坂井 うん。だいたい前置詞や何とかというのやろ。丸暗記しとったら、こんな簡単な問題、どないすんねんという感じやったからな。

木村 じゃ、もう中学ぐらいの時に、むろん、その英語の先生の個性もあるんでしょうが、でも、英語に惹かれたというのは、やっぱり文系ではあったわけですね。

坂井 ちょっとね。1年の時の英語なんていうのは、簡単すぎるやろ。初めてそれらしい勉強になったのは、2年ぐらいからとちがうかね。ほんで、それでちょっと興味を持って、勉強をし始めたというのがあるな。ほんで、数学はあんまり勉強せんでもええやろ？

木村　そうですか。

坂井　うん。数学は勉強せんでもええから。

木村　勉強せんでもええというのは、せんでもわかるということですか、それとも。

坂井　ちょっと筋道だけわかったら、あと、何にもせんでもええやん。宿題もないし。

木村　そう思っていない人もたくさんいるとは思いますが。証明問題とかはお好きでした？

坂井　できたよ。わりに。

木村　論理ですからね、あれは。

坂井　理屈でできるから。

木村　そう。数学はね、かならずしも理系じゃないですよね。もちろん理系的なものもあるけど、かなり文系的な要素ってありますでしょ。証明とかはまさに筋立てですからね、こうなったらこうなるみたいな。

坂井　僕の時代はひどかったなと思うのは、中学1年の時の担任の先生は社会科やってんけど、少年院から戻ってきた人でね。自分で言ってた。少年院から帰ってきたというて。そんな人もちゃんと教師になれんねん。ほんでね、この人、なんか変わっていた、確かに。生徒を怒るとね、血の気が引くんや。ああ、この人は、やっぱりそういう気があるなと思うて見とったんや。だから、そのクラスにおった子で、その後、芽を出して、いろんな意味でいろんなところで活躍しよったの、おるわ。

木村 そうですか。それは、でも、少年院やから、べつに政治犯でも何でもない。単にグレてたんでしょうね。

坂井 そうやろうね。お寺の人やってん。

「魯迅という人は、ほんまはえらいんじゃないか」
――「魯迅」との出会い

木村 大学時代に話を進めさせていただきますが、先生は神戸市外大で中国語を学ばれて、神戸市外大はあの頃も今も良い大学なんですが、講義の思い出とかはありますか。

坂井 僕はサボりやからね。今も覚えているのは、ある先生はたいへん熱心で、授業は9時からやのに、8時すぎから、もう授業をやってはんねん。特に、春学期やな。で、発音練習やらがあんねん。学期中ずっとね。

木村 中国の外国語教育みたいですね。

坂井 そやから、もう授業とは関係ないんや。僕は全然出たことはないんや。授業もよくサボって、半分も出ていないと思う。まあ、自慢話みたいに言うけれども、試験なんかでもね、全然出てないけれども、これ、中国語で言うたら、たぶんこんな感じじゃないかというので単語なんかも適当につくってやったら、それがヒットするわけや。だから、先生が「坂井には中国語の小説を読むようにと言うといてくれ」と言うてたよと、ある上級生が僕の姿を見つけた時に言いに来たわ。

木村　その頃、小説って、もう2年生ぐらいから読まれました？　1年生の終わりぐらいから原文を。

坂井　僕、魯迅を1年生の時に読んでたな。独学で。

木村　独学で。

坂井　というのは、『魯迅全集』を買ったから。

木村　辞書とかを引きながらですか。その頃は辞書もそんなにはなかったですよね。

坂井　辞書はね、光生館。それと大学書林。大学書林のは鐘ケ江さんやね。

木村　鐘ケ江（信光）先生の辞書ね。

坂井　岩波の選集があったんやな。『魯迅選集』。それを置いて、鐘ケ江さんの辞書引きながら。今でも覚えているわ。何という言葉やったんかな。「dàhóng xīnxiān（大紅新鮮）」という言葉があってね。『狂人日記』やったかなあ。ほんで、そのまま訳せば、「dàhóng」やから真っ赤で、「xīnxiān」、新鮮、新しい。真っ赤で新鮮だという。これは、普通に言えば、人間の体を切った血のことを言っているんだろうと思うんやけれども、その鐘ケ江さんの辞書には、「明々白々な事実」というふうに書いてあるわけや。僕、手紙で質問をしたわけや。これは、根拠は何ですかというて。この『狂人日記』の中にこういうふうなのが出てくるけれども、こういうのでいけたら、すっと意味は通りいいんだけれど、どういうことですかと言うたら、返事用の封筒も入れて出したんやけど、返事は来なかった。

木村　あ、そう。（笑）

坂井　あれ以来、あの辞書は使わんことにしたんや。だから、わりに大学に行かなかったし、授業にも出なかったけれども、結構、僕、『遅れてきた青年』やないけれども、昔の大学生の暮らしぶりみたいに、本をわりに読んでいたから、それの影響やろうな。だから、こういうもんやと。学生というのは、自分で休み中にはちゃんと本を読む、原書なんかを読まなあかんねやというふうに思ってるから、授業には出ないけれども、読んでいましたね。

魯迅の主な小説と評論、これは夏休みの間にほぼ読んだな。全然面白くなかった。そのうちに卒論は、けちくさいから、読んだんやったら、これを卒論にしたらええやないかと思って、ほんで、魯迅をやることにして、何度も読み返すやんか。感想を鉛筆で書いたり、何かしておったんやけど、その感想がだんだん変わっていくんだよな。いやあ、魯迅という人は、ほんまは偉いんじゃないかという。で、僕は、芥川なんかの気の利いた仕掛けのある小説は面白いと思っとったけど、魯迅はそんなもの何にもないしな。

木村　そうですよね。小説としては、他にもいろいろいるけど、やっぱり、魯迅を読まれた。面白くないけれども。

坂井　だんだん、この人は偉いという気がしてきたんやな。読み返していると。

木村　余華という作家がいますよね。『活着』を書いたね。彼も若い時に読んだ魯迅の小説は理解できなかったと言うんですよ。退屈でしかなかったんだそうです。ですが、自分が物書きになってから、『狂人日記』を読み返したときに、ある1行、「そうでなければ、趙家の犬がなんで俺を睨んだりするのか」という、その1行の表現で、やっぱり魯迅はすごいなと思ったと言うんですよね。たった1行で、主人公の精神の異常さを描き出してると。余華が小説家として名を成してからの話なんですけどね。僕は文学が専門じゃないのでわからないんですが、これだけ時間が経っていても、やはり中国の作家の誰もが、「やっぱり魯迅」と言いますからね。

坂井　日本の作家でもね、僕は高校時代から、結構いろいろ読んどったんや。文庫であの当時は夏目漱石の作品は全部読んだな。あとはまあ、不思議なことに武者小路実篤みたいなのを読んどったわけやな。そのうちに、森鷗外とか芥川龍之介なんかを読んで、まあ、卒業してから太宰治にはまってしまったんやけれども、あの時に思ったのはね、漱石の文章は駄目やと思ってた。今、読んだら、全然印象が違うと思うけどね。というのは、文章がね、隙間が結構あるように思ったんや、漱石はね。ただ、漱石は偉いんじゃないかというふうに今は思ってる。全集は買ったんやけど、読み直していないんやけどね。

それに比べたら、鷗外はやっぱり文章が緻密なんや。やっぱりあの当時は、緻密な文章を書く人のほうが偉いというふうに思っとるから、ただ、知識人としてはどうなんやろうと。鷗外と漱石を比べたら。鷗外は、やっぱり役人じゃないかというふうに今はそんなふうに思うけれども、だけど、当時は漱石は駄目やと思った。その点、芥川も非常に神経質なのはよく伝わってきたけど、あの人の文章も非常に緻密やったね。

明治の影響が強いあの人たちの文章と比べて、太宰の文章は、今読んでも、すっと腑に落ちる言葉で書かれているんだよな。それでいて、粗っぽくはないいんや。僕は晩年の『人間失格』とか『斜陽』はあんまり好きじゃないけれども、初期の頃の文庫を見てて、ああ、この人は相当やっぱり緻密。ほんでね、太宰というと、みんなね、暗いなという印象を持っておられるんやけど。

「足が抜けなかったんですわ」――高橋和巳との出会い

木村　ああ。でも、ものすごいユーモアがありますよね。
坂井　うん。笑いがあるねん。あの笑いがあるから、やっぱり今も読まれる。今も若い人もそうだけど、読む人がわりにいて、あれはやっぱり面白いんやね。ついでに言えばな、高橋和巳。高橋和巳は、最近はもう読まれないんやな。あれだけ一世を風靡したんやけど、あの人はね、やっぱりくそ真面目や。くそ真面目で、どこかに笑いがあるかというたら、あんまり笑いがないんやろうな。やっぱり笑いがある作品じゃないと、長い命は保てないね。だから、高橋和巳言うても、もうほとんど、名前もみんな知らんもんな、最近の人は。
木村　ちょっと前に、ブームになりかけたらしいですけどね。

坂井　あ、そう。
木村　はい。でも、結局はそのままで。
坂井　思想的な闘争の時代になったりすると、また蘇るかもしれんけれども。
木村　当時は高橋和巳を読むことがちょっとステータスというか。読んでなあかんという感じで読んでいたという部分もありましたからね。本当にみんなが面白くて読んでいたかどうかはわからないですね。
坂井　吉本隆明はそういうところがあるやろうけど、高橋和巳もそうやったんかな。
木村　少なくとも私の周りの人間はそういう面があったように思います。
坂井　僕は、高橋和巳はもうほとんど単行本、初版で全部読んでんねん。なぜかというと、まああ、それなりにみんな面白かったんや。面白いって言っても、笑いはないけれども、面白かった。
木村　京大の大学院を受けるときに、高橋和巳に会われたんですよね。
坂井　そう。だけど、僕が高橋和巳に会った時は、既にこっちは文学青年として出来上がっとったから、気持ちだけは。もう鼻っ柱が強くてな、そんなもん、文学をやっとったら対等やないかという気持ちで高橋和巳に会ってんねん。
木村　そうなんですか。それはすごい。
坂井　で、高橋和巳は、僕の書いた論文を褒めてくれたんだよ。あの当時、４人ぐらいが魯迅をテーマに大学院を受けたらしい。その中で僕の論文を一番高く評価していたと高橋さんが言うてくれたんや。めちゃくちゃ書いとるんやけどね。もう論文の1行目から風船が膨らんどんねや。書き足しのね。普通はそんなん、書き直すやろ。けど、そんな時間はあれへんというので、なんかぴゅっぴゅっと消してやっとるわけや。

木村 当時は手書きですからね。で。そのまま提出されたんですか。

坂井 もちろん。それを提出して。後で小川環樹先生から、今度書く時はもう少し丁寧に書くようになと言われた覚えがあるけど、その時は、意味がわからんかったんや。丁寧にという意味がな。後で考えたら、確かにこれはあかんなと思って。内容もそうだけれども、もうちょっと丁寧に、文字も丁寧に書かなあかんなと思ってな。

そんな論文を評価していたと高橋和巳が言ったときに、高橋和巳はあの時はスターやったからな、それを言ってくれた時に、僕は何かお返しをせなあかんなというふうに思って、「高橋さんの『新しき長城』の中に『滅びの民』という評論がありますけど、あの中に出てくる『富士山』。あの『富士山』は天皇制の象徴であると書いてありましたが、これ、僕は非常に好感を持ちました」という言い方をしたんや。

木村 偉そうに（笑）。

坂井 そう、偉そうや。「好感を持つ」なんてね。

木村 対等どころか、ほとんど上から目線ですよね。

坂井 そう、そうやねん。完全に上から目線で好感を持ちましたと言うて。「ああ、そうでしょうね」と言ってはって、「あれ、他にそういうことを指摘した人はおらんでしょう」と僕が言うたら、「うん、そうでしょうね」と言っとったけど。結局、僕は大学院に合格したけど、後で聞いた話では、あれは強く高橋和巳が推薦してくれたらしいねん。

木村　そうなんですか。

坂井　うん。むちゃくちゃな男やけれども、これは面白そうやと言うて。だけど、僕は結局その年に神戸市外大を卒業できなくて、高橋さんの研究室へ行って、「せっかく合格させてもらったけど、僕ね、足が抜けなかったんですわ」と言ったら「足、抜けないというのはどういうことですか。ああ、卒業できないということですか」と言うから、「ああ、そうです」と言うたんやわ。「頼み込む手もあるんやけどな」と言ってくれたのは覚えているけど、「いや、頼み込むも何も、今日、卒業式です」と言うて。そんな、むちゃくちゃやった。

「掛け合い漫才みたいにね」――教壇に立つ

木村　翌年には京大の大学院に入られたわけですけど、次に、大学の教壇に最初に立たれたころの話を伺いたいんですが、最初は非常勤で龍谷大ですか。

坂井　京都の橘大が最初かな。次が龍谷大やったかな。非常勤で行ってたけどな。一番最初の専任が京産大。

木村　京産大は何年に着任されたんですか。
坂井　昭和50年。31歳の時や。あれもね、ひどかったね。いくつか国立大学の話があって、小川先生からも「坂井君、応募するか」と言われてね。応募して、2、3日したら、「坂井君、あれは駄目や。もう決まっとった」というて。そういう時代やからな。
木村　そうですね。公募なんか無かった時代ですしね。
坂井　そう。和歌山大やろ、広島大それから長崎大と、それだけやったかな。応募して、みんな駄目で、そうこうするうちに、ある先生が「京産大で人を1人求めてんねんけど、行く気はあるか」と言うから、京都やったらええやないかと思って、まあ、べつに国立にこだわりは全然ないしな。ほんで、よろしくというふうな感じで応えたら、京産大の外国語学部長をやっていた人のところへ話をしに行けと言われて、行ったんやわ。本来なら学長との面接があるはずやけど、そんなんもなかってん。それだけで終わり。普通はあるねんけど。
木村　それだけで決まりですか。
坂井　そう。でね、最初にその話を紹介してくれた先生から後日「坂井君、行ってきたんか」と言われた。僕は報告も何もしてへんからね。はい、行ってまいりました、こういう話でしたって、そんなしおらしいところは僕には全然ないからね。だから、心配して「行ってきたんか」ってね。「ああ、行ってきましたよ」と言うて。で、どうやったと訊くから、こうやったと言うたら、「ああ、そうか」とね。考えたら、あれは失礼な話やったなと。今やったらな、そう思うんやけど。だけど、ちょうどややこしい時代でもあったしなあ。そういう時期やろう。

木村　1971年頃ですかね。

坂井　龍谷大は非常勤で行っていて、こっちもええ加減やったけど、黒ヘルが大勢で授業中によう来てたね。ちょっとアピールしますのでと言うて、そんなもん、どうぞという感じ。まあ、その後の京産大も面白かったよ。

木村　当時の京産大はまだ大学院とかがない頃でしたね。

坂井　大学院はその後、外国語学部にできたんや。そのために呼ばはったんちゃうかな。もう錚々たるメンバーやったからな。研究室がね。小川環樹やろ、入矢義高、そのうちに太田辰夫さんも来はったし、花房英樹さんはもちろんいたし、主任は池田武雄さんで、世話役みたいな感じやったね。

木村　京大系の先生が多かったですね。坂井先生もそうですが。

坂井　だいたいそうやね。他の学部もそういうのが多かったんとちがうかな。外国語学部全体で見ると、京大系が半分ぐらいいたかもしれんけれどもね、けど、ほかにもいろんな大学の方がいたな。皆さん、それなりにちゃんと研究をやっている人たちやった。これは声を大にして言いたいね。

木村　71年に京産大に着任されて、何年勤められたんですか。

坂井　37年間、籍だけは。最後はもう授業をやらないで、そのまま辞めたんや。籍だけ置いておいて。

木村　その間の大学の変化たるや、ものすごいものがありますね。僕なんかは、つくづく良い時代に大学に行ったなと思うんですけど、日本の大学がこんなふうに変わってきたのは、いつぐらいからだと認識されていますか。

坂井　僕ね、京産大に行って10年目やと思うんだよな、それ。当初は、冬になったら、そこらの机を引っ張り出してきて、たき火をしよんねや。みんなで。そんなものを平気でやっておった時代やけれども、それがね、僕が勤めて10年ぐらいしてから、ちょっとおかしいなと思ったんや。教室で反応が非常に乏しくなったんやね。こちらがしゃべっておっても。で、僕は、あるとき、授業のあとで学生をつかまえて、全然面白なかったんかと聞いたら、いや、面白かったですよと言いよる。面白い時は何か笑うとか、何か言うとかすると思うんやけどね。着任した最初の頃はね、掛け合い漫才みたいに、僕が話をしたら、みんなから色々と反応が返ってきたんやけどな。それがね、もう全然そういう反応がなくなってたん。

木村　じゃあ、80年代に入って。

坂井　そやな。80年代ぐらいやったんかな。これはちょっとおかしいなと思った。それは全国的な傾向なんやろうけど。あれは京産大の75年組やったかな。自分らで卒業アルバムをつくりよって、それは僕のところにあるけどね、自主製作のアルバムがね。それを見たらね、どの写真を見てもね、みんながげらげら笑っとるんだよ。最近の学生は、あんなに笑わん。ほんまにね、おかしそうに笑っとったな。元気だった。

木村　ああ、70年代ね。

坂井　で、その後、僕が学長になってね。

「言葉はこころの杖」──大学改革と教育

木村　２００２年でしたか。
坂井　そう。２００２年に学長になって、いっときは「関関同産」とも言われたくらい元気があったんやけどね、京産大も。ところがね、これでは駄目なんちゃうか、京産大は、って感じた事があってん。
木村　どういうことでしょう。
坂井　いや、実質的な志願者は、あの当時で、募集定員の10倍はあったんや。だから、経営的にはピンチでもなかったんやろうけど、何となしに活気がね。どうも活気がないなと。二代目の学長が非常に権力を持っている人で、建物を次々と建てはった。ホールやとか、図書館やとか、立派なホール、立派な図書館を建てはった。だけど、どうもソフトの面で、つまり教学改革みたいなことが弱かった。
木村　なるほど。
坂井　学長になってすぐに京都市長にも挨拶に行ったんや。同じ高校の出身なんやけどね、あの人。アメフトの水野さんと同級やねん、あの市長さん。

木村　ああ、そうなんですか。

坂井　で、その市長が最初に会った時に、「今度、学長になりますのでよろしく」と言ったら、「坂井先生、中興の祖と言われるように頑張ってください」。と言うんや。「中興の祖」か。ということは、やっぱり今の京産大は駄目なんやと思ってね。自分のことを中興の祖なんて考えへんけど、あ、やっぱり外から見たら駄目なんやなと思って。それはほんま鮮明に記憶としてあるね。

木村　そこで、教学改革に乗り出された。

坂井　思い切った手はいろいろ打ちましたわ。その時に、Iさんという職員で、ものすごいガッツのあるのがいてね。自分の給料を全部仕事のために使って、奥さんに食べさせてもらっているというような。僕、はじめ言っている意味がわからんかったんや。「先生、僕はね、女房に養ってもらっているんですわ」と言うて、何を言うとるんやと思ったけど、後になって聞いてみたら、給料を全部使ってましたんやって。部下たちのために。そんな彼が早くに亡くなったんやな。55歳で亡くなったんや。彼がね、亡くなってなかったら、僕ね、京産大の学長をまだそのまま続けていたと思う。

木村　3期で辞めずに。そのあとも続けてました？

坂井　うん。続けてたと思う。まあ、あのIさんみたいな職員がいてくれたから、いろいろ改革は動けてたんじゃないかなと思う。

木村　京産大で学長は都合8年されたんですよね。その間に書かれて、のちに冊子にもなったあのエッセイ集、『言葉は心の杖』はいつ頃から書き始められたんですか。

坂井　あれは、大学のホームページに書き出したのが最初やな。当時の広報の担当者が、僕が大学のイベントの挨拶でしゃべったことについて、「先生、学生が涙を流して聞いてますねん」と言ってくれてね。いや、そんな大した話と違うよ。自分が若い頃に、いかに駄目であったかとか、いろいろ自分が耐えて頑張らないかんなという時期、どういう思いで過ごしたかというようなことが、ベースにあってね。その『言葉は心の杖』のなかに「春夏秋冬季節はめぐる」というタイトルで書いてる一節があってね。これは、温帯モンスーンの日本では、春夏秋冬とあるけれども、人間の心も春夏秋冬があるんだと。順不同だし、強弱もさまざまだけれども、だから厳しい冬の季節もあるやろうけど、いずれ春がやってくるというふうに思うことで、つまり、そういう想像力を働かすことで耐えられる。そういう話をしたわけや。ほんなら、涙を流して聞いておる学生がおるという。だから、あれは、学長、ぜひ文字にしましょうと、その広報担当者が言うてきてん。それは、学長になって5年目ぐらいの時やな。そうしたら、やるかと言うて。

木村　いろいろお忙しいのに、よく書いていらしたなあと思いましてね。

坂井　あれね、「今週の学長のことば」やろ。毎週更新せんといかんでしょ。ちょっと時間がある時にまとめて書いておいて、ほんで渡しておくわけや。だから、場合によっては1カ月分ぐらい、一遍に4つぐらい出して。だから、長短さまざまやろ。

木村　多少ね。

坂井　まさか、あんな冊子にするとは思ってなかったからね。僕が手術して入院している時に、「先生、今度、ええもん持っていきますから」と言うて、その広報担当者が自腹切って、あれを冊子にして、後日病院に200部か、300部持ってきてくれたわ。そういう点では、京産大にはよく動く職員が多かったな。

木村　なかなかできることではないですね。

坂井　さっき話したその55歳で亡くなったIさんというのは、ものすごいガッツがあるんやけど、口も相当厳しかったんや。部下や同僚に対してだけやなくて、理事長にも結構厳しいこと言ったらしいんだよ。そんなん言うたらあかんやろうと思うようなことまでね。彼の病院には何度も見舞いに行ったね。ある時、「坂井先生、もうね、医者が1年やと言うとるんですわ」と彼が言うわけや。いまになって後悔してるのはね、その後も病院に何度も行っているのにね、「おまえさん、後のことは俺に任せ。親代わりしたるからな」と何で言ってやれへんかったんかなとね。娘3人いるんだよ。だから、その気持ちは、僕はあったんや。あったんやけど、娘さんを片付けるのは僕がやったらあかんなという気持ちがあってね。そんなん口に出して言えへんやん。

木村　ええ、それは言えませんわねえ。

坂井　京セラの稲盛さんは、昔の同僚だった人で、ちょっと事情があって枝分かれしたんやけど、その同僚の末期の病床を訪ねていった時に、「おまえ、後のことは俺が全部やったるから、安心せい」と、そう言うたそうな。これはなかなか言えることではないなと思ってな。おまえ、もうあかんでというようなもんやからな。

「ほんま涙が出そうになったね」——苦学生の思い出

坂井　そのIさんが、病室で最期の頃に言ってたんやけどね。当時Iさんが目を掛けてた部下のことを話題に出してね、「先生、あいつらに期待したらあきませんで。所詮はサラリーマンですわ」と言うんや。そら、サラリーマンやろうと思うんやけど。彼は自分はサラリーマンやという意識はなかったんやな。

木村　壮絶ですね。学生さんで思い出深い学生というのはいますか。

坂井　僕が昔教えた子で忘れがたいのは、僕は刻苦勉励型やと言うんやけど、あんまりそういう学生は今まで教えたことはないんやけど、ものすごい頑張り屋がいてね。中学を卒業してから全部自活しとったんや。広島の子で。高校は向こうを出た後、大学は京産大に来て、下宿をしとるんや。その下宿代も授業料も何もかも、全部自分のアルバイトでやっておった。ものすごい頑張り屋。それでいて、僕が顧問をやっておった中国語研究会という研究会の活動もやっておった子。それが、僕が京産大で学長をやっている最後の頃に、会社の上司2人を連れてね、会食をしに来よったんですわ。その時に、だいぶしゃべっておったんやけど、ちょっとね、口が過ぎるんだよ。

木村　その刻苦勉励型やった元学生がですか。

坂井 そう。上司に対して、ものすごいきついんだよ、言い方が。それで、移動の時にタクシーの中で、「なあ、おまえ、もうちょっとな、言葉に気をつけたほうがええぞ。一応は、君の上司やないか。あんな口の聞き方はないで」と言ったんや。そしたらね、「そんなん言うてくれるのは先生だけですわ」と言うてた。この彼がね、確かにね、きついんやけれども、顔はいつもにこにこ笑っとるんや。あんな子、僕は今まで会ったことはないわ。自活していたと言ったけども、途中1年間、台湾に留学しとる。それも自費で行きよったけど、留学の費用までは貯めていなかったからというて、親に貸してもらって、卒業するまでに返すという、そういう約束で台湾に行ったんやと言うておったのを覚えているわ。中国語もわりによくできたし、気概があるというのかな。技術系の企業に勤めて、まだ今でもおるんですけどね。台湾の会社が3社、ちょっと調子が悪いから、行って立て直してきてくれへんかと会社から言われて、立て直してきましたと言ってたな。2年間ぐらいおったんかな。

木村 最近、本当の意味での「苦学生」というのが少なくなりましたね。

坂井 確かに。女子でも自活しているという子はおったな。あの当時は、そんなに珍しくもなくて。そこに読売育英奨学会といって、読売新聞の新聞配達の人たちの後援会みたいなもんがあってね。そこにいつも僕、卒業式みたいなもんやな、修了式と向こうで言っているけど、そこでの挨拶を頼まれて、行くんやな。そら、あれは感動的やったな。彼ら彼女らはほんまに雨の日も風の日もやんか。だからね、挨拶しに行った時は、ほんま涙が出そうになったね。言葉が浮ついてないんや。ほんで、女子もわりにおったしね。
木村　僕の中学生の同級生も、ちょっと貧しい子がおったら、みんな、だいたい新聞配達やってましたね。一番手っ取り早かったんですよね。だいたい、夕刊、朝刊、両方やっていましたけどね。自転車でね。
坂井　そうや。
木村　で、新聞くれるんですよ。私の家が取っているのは朝日なんだけど、いつも朝日以外のが郵便受けに入ってるんですよ。同級生が入れていってくれるんです。
坂井　入れてくれるのか、余分に。
木村　はい。３紙ぐらい、いつも入れてくれる。みんな、余分に持っとるんでしょうけどね。新聞を折りたたんで、ぎゅっとしごくと、キュッと良い音がするんですね。その音を聞くと、ああ、また入れてくれたな、って。この頃は、特に大学生は、コンビニとかでアルバイトするんでしょうけど、当時はコンビニありませんから、だいたいみんな新聞配達してましたね。それこそ、雨の日も風の日もですよね。
坂井　やっぱり朝刊、夕刊をやっているとね、遊ぶ時間があんまりないやろ。
木村　そうですね。
坂井　学校にも行かなあかんし。そうしたらね、何年間かやっておったらね、２００万円ほど残す子がおるんですわと読売の人が言うてたな。

木村　ああ。遊ばないから。使わないからね。

坂井　なかには下宿の代わりに、そこに泊まるということもできるんやって。販売店のほうにな。

木村　住み込みみたいにしてね。

坂井　そう、そう。ほんなら、200万ぐらい残すやつがおるんですわと言うて。いやあ、ああいうのを見ると、最近はもう、あんまりそういう奮闘してというのはおらんのかもわからんけど。

「それはね、あんさんね、『間』です」

木村　少なくなってるかもしれませんね。いま、読売育英奨学会の修了式に挨拶に行くというお話が出ましたが、あちこち、よくいろんなところへ行って挨拶をされますよね。もちろん大学でも挨拶をされる。追手門へ来てからもそうだし、学外でも頻繁に挨拶をされる。挨拶をされる時に、入学式もそうだけど、先生は原稿を見られないでしょう。見ないで、話される。それは一応原稿は作っていらっしゃるんですか。メモ程度のことは書いていらっしゃる？

坂井　昔、京産大の時は、原稿をある程度つくったんや。それを置いてやってたな。僕の二代前の学長の柏さんはね、卒業式、入学式、毎年同じ話やった。だから、全然原稿も何もなしなんやけど。柏さんは京大の弁論部やったんや。ある時、柏さんに聞いたんやけど、ミヤコ蝶々さんなんかと一緒に戦後、農村調査か何かで慰問で回ってはってね。その時に、蝶々さんから、「あんさんな、話をするのに一番何が大事やと思う?」と訊かれて、柏さんはどう答えはったんかは知らんけど、「それはね、あんさんね、『間』です。『間』が一番大事なんや」と蝶々さんに言われたんやて。柏さんは「そうですか」と言うたんやけど、「しかし、先生、あれ、原稿も何も見ないで、ようお話しですな」と言われたそうで、柏さんは「原稿を見な話ができないようなことは、しゃべったらあかん」と言うたそうや。いや、そら、柏さん、あんたはいつも同じ話やないかと。前に一応それらしいものは置いてあんねん。あれは新聞紙でええねんと。何かを置いといたら落ち着くんやとね。柏さんがそう言うてはったのを覚えているわ。

木村 先生の場合はなにも持っていらっしゃらない。何も。

坂井 うん。一応、頭の中では描いているんやで。

木村 まあ、そら、そうでしょうけど。

坂井 描いていて、だけどな、忘れてしまうんやな。ほんで、別の話になる時もある。あと、どうやって修正するかなというふうなことも、もちろんよくあった。だけど、どのみち、国会やあれへんから、全部ビデオを撮られてやで、後でこんなことを言うたいうて叩かれるわけでもなし。まあ、だけど、そんな大した話は僕はしてないんやけれども、一応、いろいろな話がお母さんとか、お父さんとか、そういうPTAの皆さんには随分共感を得たみたいで。あ、そうや。今、ふっと脳裏をかすめたけど、今、世間を賑わしている将棋の中学生棋士。

木村 藤井聡太君。

「通り一遍の規則だけではなくて、やっぱり人」

坂井　そう。藤井聡太。彼の将棋は、僕は1局しか見てないんや。テレビ将棋で。1局だけ見たんやけれども。あれ、やっぱりね、将棋の世界で、師匠がね、ええ人だよ杉本七段。

木村　ご存じなんですか。

坂井　ご存じって、僕はテレビなんかで見ているだけやけど。それと、関西・大阪でもうたくさん有望な棋士を輩出している棋士で、ご本人は大した棋力があったわけやないんやけども、門下がたくさんいてね。森信雄七段ええ人やわ。

木村　どんなふうにええ人なんですか。

坂井　例えば、門下の散髪なんかもしてやったりなんかしているんやな。若くして亡くなった天才棋士村上聖八段。一緒に遊ぶというか、ほんま親身なんやな、子どもに対してな。

木村　将棋、お好きなんですよね。

坂井　好きやね。この間、通天閣の60周年の記念イベントの時に、たまたま大阪の棋士4人に会ったんだよ。名刺交換してメールでやりとりなんかして、先生、将棋のことをよく知っていますねと、言うてくれはったんや。その時に。今度、正月のイベントに来ませんかと言われたけど、ちょうど追手門のイベントと同じ日からというので行かなかったんやけど。その彼も、人柄がほんまにやんわりとした人柄ですわ。決して威張らない。やっぱり人を育てる人というのは、そういうところがあるんと違うか。僕らの見えないところで厳しい時もあるんやろうけど、やっぱり共通しているね、そういう人柄が。

あの京セラの稲盛さん、僕は忘れがたい人なんやけど、稲盛さんも厳しいって言われるんやけど、厳しさだけと違う。あの人は、やっぱり人を包み込むようなところがあって、やっぱり組織は、大学もそうやと思うけど、そういうところやないと。ましてや、学生を育てたり、何だかんだというようなところでは、通り一遍の規則だけではなくて、やっぱり人というか。これは理事長とか学長に限らず、普通の一般の教員もみんなそうやと思うけど、そういう組織・風土やないと、なかなか学生は元気を出して頑張ろうとか、芽を出してというのはないんとちゃうかなと思うんやけどな。

木村　そうですね。

坂井　東大なんかはやらんでもええけどな。

木村　いや、でもね、やっぱり東大でもそうですけど、いや、僕は落語が好きで、笑学研究所の所員もさせていただいているのですが、この間も落語会で落語を見ているとね、やっぱりいろんな弟子を抱えてる落語家ね。米朝でも本人はきちっとしているみたいだけどもね、弟子は実にハチャメチャもおるんですよ。でも、いろんなものを全部ふわっと包み込んで好きなことをやらせているのが、結局育ってくるんですね。多様な、いろんな個性を持ってる人間を、俺の思い通りにやらせようと思っているのはやっぱり駄目で、それぞれ持っている才能をそれぞれに生かしてやる。もちろん、根っこのところはぐっと押さえてないといかんのですが。そうして伸ばしてやると、やっぱり最後は良うなってくるんですよね。だから、おっしゃるように包容力というか、懐の深さみたいなものがないと。この間の坂井先生の最終講義のときも、先生の『言葉は心の杖』の中の「卒啄同機」の話を引かせていただきましたが、まさにそうで、学生もそれぞれ個性があるんだから、当然反応してくるところは違うわけで、十把一絡げに一辺倒にやらせようなんてのは教育ではないですよね。

坂井　1つの方針とか、ルールとか、それを決めてできるというものでは本来ないからな。最低限こういうことをやろうというのは申し合わせみたいなのがあってしかるべきやと思うけど、そのとおりにいかへんやん。人間の社会なんやから。

木村　いま世の中全体がこういう風潮だからこそ、余計に、大学には、いろんなものを包み込む包容力というものが大事で、それを大事にしていったところが結局最後は生き残っていくと思うんですね。スポーツ選手でも一緒でね、みんなが通り一遍の一つの方法でその通りにやっていったらできるというような、そんなもんなら、みんな、金メダルを取れますよね。そんなもんじゃないですね。だから、ないんですよね、「唯一無二の方法」なんていうのは。そういう風潮がまかり通るというのは、ちょっと寂しいですね。ということで、今日のところはひとまずこの辺で。

「理事会総辞職や！」——ガバナンスと決断

木村　前回は、先生の生い立ちから学生時代のこと、それからその後教師になられて、さらに京産大の学長になられたという、そのあたりまでのことをあれこれお伺いしましたが、学長時代のお話をもうすこし続けて伺いたいと思うのですが、よろしいでしょうか。

坂井　はい、どうぞ。

木村　大学の教壇に立たれて、最初は教育者・研究者としてスタートされ、その後、京産大で学長になられたわけですが、教育者・研究者としての大学人と、学長になられてからの大学人とでは、やはり視点あるいは観点というものがいろんな点で変わってくると思うんですけど、その辺り、何か先生の中で大きく変わったものはありますか。

坂井　それはね、僕はね、学長というのは浦島太郎だと例えているんやわ。龍宮へ攫われて、そこで、えーと、あの物語ではどれぐらいの期間おったんかな。2年ぐらいおったことになってるのかな。2年か3年おったことになっているのかな。ほんで、故郷に戻ったら、知る人もなく、白髪頭でおじいさんになってというような。

木村　玉手箱を開けたばっかりに。

坂井　そう、そんな話やな。つまりね、僕は、例えとしてなかなか上出来やなと自分でも思うんだけども、もと居た郷里というか、もと居たところというのは、研究者としていたわけや。そこでの発想、考え方、作業の仕方。これと、学長になってからとは全然違うんやな。

木村 やっぱりそういうもんですか。

坂井 思考方式から、もう言語体系も全然違うという感じで。だから、これをね、よく先生の中には早く教員に戻りたいという人がいるんだよな。学長になって。

木村 そうですね。よく聴きますね、そういう話。

坂井 とんでもない話や。戻れないよ。戻ろうというような中途半端な気持ちでは学長はできないし、そうかというて、はまり込んでしまったら、元の村には戻れませんわ。だから、本当、学長って、なかなか大変なもんやなと思うで。

木村 ある意味、悲劇ですね。

坂井 そうや。浦島太郎の悲劇なんや。

木村 龍宮城にずっと居続けるわけにはいかんので、いつかそれは陸に戻らないといけないけど、いざ戻った時には、ね。

坂井 本当、場合によっては、龍宮で一生を終えるということもあるよな。まあ、龍宮には乙姫もいるしな。

木村 はは（笑）。京産大で学長になられた時期というのは、大学がガバナンスとかの面で変わり目になる頃でしたか。

坂井　いや、それは学長になって少し後からかな。折しも、大学に活気がなくなり出した頃でね。とにかく改革しないかんと。最初にグランドデザインということで、全学の教職員から、どう変えたらええ、何をやったらいいかという意見を募ったんや。これはすべてをその通りにやらんでも別に全然ええんだけれども。意見を募って、その中でできるだけ具体化していかないと。こちらが何か言えば、一応それなりの反応があるしな。だから、具体的に小さい問題もやりましたし。で、グランドデザインを作るのに、1年2カ月ぐらい掛けたかな。それも、全部自分たちの手作業でやったしな。外部の業者が入るということは一切なかった。だから、あの時は、作業チームというか、あれはいくつあったんかな。教育、研究、キャンパス計画、それから学生支援というのもあったかな。まあ、とにかく7つぐらいの作業部会をつくって、そこは、教員と職員を対等の立場でね。教員がいて、職員はそのお手伝いというのじゃなくて、対等にやった。自由に議論してくれと。対等なんやと言うても、本当に対等やったかどうかはわからないけどね。

木村　だけど、一応一つの土俵で一緒に考えよ、ってことですね。

坂井　そう。

木村　普段、そういうことはないことなので、職員の方は燃えるでしょう、そういう時は。ものすごいやる気を出されるでしょう。

坂井　坂井は本気やというのがだんだんわかってくるわけや。部会には、1つの部会でも8人から9人ぐらいメンバーがおるわけや。一番上位の将来構想検討委員会は、僕が議長をやっていた。そこが決定機関や。全部を合わせると100人ぐらいになったかな。全員を集めた最初の会合で、ある教員が、「これ、もし、できなかったらどうするんですか。これだけ人を集めて」と言いよるんや。だから、理事長も横に座っておったんやけど、「いや、できなかったら、理事会総辞職や」と言うた。理事長は渋い顔をしとったけど。いや、それぐらいの腹をくくらないとできないよな。それで、一回の会議に3時間ほどかけて何回も議論をして、最後にまとめて。まあ、いろんなアイデアが出てきましたわ。天文台はね、あれはちょっとしたアイデアのつもりで誰かが言うたんやが、それもやろうということになって、天文台作った。他にも随分作りました。結局、各学部、全部、改革したんちがうかな。

ノーベル賞のチョコレート

木村 成果はすぐに出てきましたか。

坂井 うん。僕はいつでも腹を切るという覚悟でやったからな。

木村 1期目である程度結果を出されたわけですね。

坂井 そやね。ええことばっかりやないよ。学長に就任して1年後には、教員の定年年齢の引き下げ、70歳だったのを65歳にした。

木村 例外なくですか。

坂井　場合によっては別の形でおれるという、そういう制度ですけどね。2年目には、全学共通教育センターを作った。これは教養部の改組やね。教員評価制度というのも導入したし。それから、鳥インフルエンザ研究センターを2006年10月に立ち上げた。1期を終えて、2期目に入った時の10月や。これは、何でこれをしたかというと、京都府のある養鶏場で、鳥インフルエンザが国内で初めて発症してね。

木村　ああ、あれがきっかけですか。

坂井　その時に奔走した人が、当時、鳥取大学にいらした大槻公一先生。京都にたくさん大学があるのに、何で鳥取大学から来るんやと思ったら、京都にはその分野の先生がおらんのやて。そもそも獣医学部が京都の大学にはないわけや。大阪の府立大学の一学科に獣医学科というのがあって、関西ではそれだけやねん。いやあ、大槻先生といろいろ話をしておったら、これからは人獣共通感染症というのが大変な問題になると教わりましたね。

木村　後にノーベル賞を取られた益川さんを京産大に呼ばれたのはいつ頃ですか。

坂井　僕の最初の人事やから、2003年4月。2002年10月に僕は就任するんや。あそこは10月からやから、引継ぎ事項として前の学長から、「先生ね、理学部の教員が、こういう先生がいるんやけど、採ってくれと言うてるんですわ。」と言うて、どんな人やろうと。益川さんって、よう知らんかったけれども、最初の人事やし、まあ、いろいろ調べてみたんや、僕なりに。ほんなら、ノーベル賞の候補というから、これ、ひょっとしたら取るかもしれんと。

木村　それで、来られて、何年目にノーベルを取られたんでしたっけ。

坂井　２００３年にみえて、２００８年やね。いや、もうあれはね、毎年のようにノーベル賞の発表の時には、マスコミがどっと来て、中継車みたいなのが、いつもおったんやけどね。

木村　やきもきされたでしょうね。

坂井　いやあ、当初は空振りばっかりやったけど、２００８年、今年取ってくれないと、僕は２０１０年で学長は終わるし、それに伴っていろんなことがあるやろうから、２００８年、今年やでと思っとったら、ほんまに２００８年に取らはったんや。だから、Ｉさんという職員から…

木村　あ、この間、お話に出ていた、55歳で亡くなられたＩさんですね。

坂井　そう。彼がちょうど病院に入っておったんやけど、僕のところへ電話してきて、先生は強運ですねって言っとったけど、ほんま強運やね。

木村　私、朝日新聞のあの報道を見た時に、写真で益川さんと同じぐらいの顔の大きさで坂井先生がわあっと喜んでおられて。一瞬、どっちが益川さんかわからないくらい。京都の私学の先生でノーベル賞取られた方っていないんじゃないですか。

坂井　当時、私学の専任でというのは、あんまりなかったんちゃうかな。その当時は。

木村　学生の反応はどうでしたか。

坂井　その時だけやね。授賞式に行った時に、ノーベル博物館というのがあって、そこでノーベル賞のメダルの形をしたチョコレートを売ってるわけや。思いつきでそれを買って帰って、２００９

年3月の卒業式の時に学生にそのチョコレートをあげたんや。ほんなら、テレビのニュースでも取り上げられた。

木村　卒業生全員にですか。

坂井　もちろん全員に。まあ、あれは結構良かったと思うよ。

「母校は時価で評価される」——追大への抱負と期待

木村　それで、いよいよ追手門に。京産大の学長を3期でお辞めになって、随分、引き留められたようなことも伺っていますけれども、まあ、とにかくお辞めになって、追手門に来られたわけですが、いらっしゃった時は、当然、いわゆる執行部というか、大学経営というか、そっちの要員として、つまり一教授じゃなくていらしたわけですよね。先生としては、追手門に行ったら、こういうことをやってやろうとか、実際にされたこととか、あるいはやりたかったけれども、やり残したこととか、その辺のことを伺えればと思うんですが。まず、京産大とは学部の数も学生の数も違いますね。

坂井　学生数は、ちょうど半分やね。

木村　半分ですか。

坂井　うん。で、大学ができたのは、京産大と1年違い。

木村　あ、そんなもんですね。

坂井　京産大が1965年で、追手門学院大学は1966年にできた。だけど、追手門学院全体としては、追手門は非常に厚みがあるわな。

木村　こども園から小学校、中、高、大とね。

坂井　そう。ただ、下から上に上がるところが、ちょっとね、少し弱い感じかな。

木村　そのようですね。

坂井　大学がちょっと吸引力を持ってないんとちゃうかな。そのためには、もうちょっと大学が魅力的な、あるいは少なくとも楽しそうでないとね。いろいろ頑張っている先生がもっといてもいいのにね。あと、もうちょっと研究で成果を上げる人がおってもええのに、と思ったんな。これはちょっと意外やったね。昔は、追大は、京大とか阪大を辞めて来た人が多かったんかな。

木村　そうですね。

坂井　当初はそれなりの人がいても、そういう人が辞めたあと、次の人が、縮小再生産と僕は言うけども、どんどん縮こまっていくというようではいかんわね。大御所の先生が要所要所のところでそれなりにおらないと、中小レベルの教員がお山の大将みたいになっていってしまってよくないでしょう。偉い先生の背中を見て過ごすということは、やっぱり若い時代には必要やと思う。学生じゃなくて、教員にとってもね。

木村　最初は専務理事として来られたんでしたっけ。

坂井　そう。僕は胃の手術をやっているから、あんまりハードな仕事はできないよというて、最初からそう言うてたんですけどね。だから、専務理事というて、専務理事って、どういう仕事をするのかわからへんねんけど。いや、何も基本的にせんでもええ。ああ、それやったらええわと思ってな。ところが、確か２０１２年４月に着任して、その４月に前学長が辞意を表明されて、学院長がその前の３月にお辞めになった。相次いで辞められて、空席になってん。で、所定の手順を踏んでということで、その年の７月に僕が学長と学院長と同時に就任してん。何をしようとしたかというと、やっぱりね、大学がそれなりに卒業生も喜んでくれるような、胸を張れるような大学にしないといかんと。ああ、良い大学を卒業したんだなというふうに胸を張れるようにならないといかんだろうと、というふうに思っていました。

僕はよく言うんだけど、自分の母校というのは、時価で評価される。だから、どんなに、自分が入学した時が非常にレベルが高かったとしても、それがころんと落ちていったら、あんた、どこの大学を出た？　と言われた時に、ここやと言うたら、ええ！　っという感じになる。往年のレベルは評価されないで、その時現在で評価される。そういう点では、大学の執行部、経営者、これはやっぱり、その時にいる学生だけやなくて、また、これからどういう形で経営的にやっていくかということだけやなくて、卒業生に対する責任を感じないとあかんというふうに思いますわ。

追手門大学の卒業生にもほんまに立派な人がいるんだよ。読売関係の会社のイベントに行って、社長と話をしておったら、あ、追手門ですか、実は、今日ね、追手門の卒業生でえらい役職になっている社員が来てますわと言われて、引き合わされたんや。ほんで、大学に帰った後、こういう卒業生がいるというのを、皆さん、ご存知ですかと、職員に聞いても誰も知らんねん。だからね、これもちょっとしっかりと、どんな卒業生が頑張っているか、頑張っている卒業生がどこにいるのかということはもう少し把握しておかないとあかんと思うんやな。

木村　宮本輝さん一人では寂しいですよね。

坂井　そうそう。他に通天閣の西上社長とかな、それからフジオフードの藤尾社長な。ああいう人もいるしね。卒業生の問題だけやなくて、追手門はね、思いつきはいいんやが、あんまり持続せえへんねん。何かでこれをやろうとバンッと言うても、いつの間にか、消えてるということが多いんだよ。何かにつけて。僕、そこはね、もうちょっと持続力を持ってやらないといかんし、もうちょっとね、現場にそれなりの責任感を持たせて、自分らでやらさないとあかんと思うわ。これを逐一管理するようなことをやっておったら、できんようになってしまう。

木村　大学に限らず、なににつけてもそうですが、改革をするのは良いことなんですけど、そもそも改革するというのは、当然、そのプランを立てた時に、一定の持続力を持つという見通しで改革をしているわけで、その改革を何年間か持続させないと成果は出ませんよね。

「持続力のある志をもって」――海面と海底

坂井　追大のプランの中で、これはいいなと思った1つは、ライティングセンターね。要するに、何か文章を書かせようということなんやろうと思うけれども、これは素晴らしいと思う。これを少し伸ばしていったら、学生は力が付くなと。とにかく文章を書くというのは、基本的にみんな嫌なんだよ。だけど、言葉数をまず覚えるということと、どんなことでもとにかく文章を書くという、これができなかったら、将来、社会でどうにもならんのとちがうか。それなりにできるようにならんと。ただ、どこまで持続してやられるかなと思って、ちょっと不安には思ってんねんけどな。

木村　今、豊島先生や齊藤先生が一生懸命頑張ってられますよ。

坂井　笑学研究所でも何か書かせるイベントをやろうとしているよね。

木村　図書館と笑学研究所の連携でね。「青が散る」のリニューアルのイベントなんですけど、今度は作文だけじゃなくて、もう少し短いつぶやきでもいいということで。短い文でのユーモア。人が読んで、くすっと笑えるようなものを、というコンセプトでやってみようかということになってます。

坂井　ああ、それもいいな。

木村　表現力なんですよね。今の学生は、パソコンもあんまり使わない。スマホ主体ですからね、レポートを書けと言ってもね、パソコンで、Ａ4で、Ｗｏｒｄでと言っても駄目なんですよ。使ったことがない。いや、高校で本当はやっているはずなんだけど、身についてないんでしょうね。スマホでやるというのは、結局小さい画面に出てくる2、3行の言葉でやりとりするでしょう。長い文章を書く習慣がないんですね。手書きはおろか、パソコンでさえもなかなかやらないから、レポートを書くのだって、ものすごく不得手なんですよ。嫌がるんですよ。そうすると、当然書く力がね。

坂井　確かに、将来仕事の上でレポートを書いてということもあるだろうけれども、やっぱりね、文章を書くというのは、これは思考力とつながっている。だから、ちゃんとした文章を書くという訓練というか、経験を重ねると、少しずつ思考力も深まっていくというふうに僕は思うんやけど、その意味では、ああせい、こうせいと言わんと、文章を書かせるというのは非常に良いきっかけとちがうかなと思うんやけどな。

木村　それから、話し言葉と書き言葉の区別ができてないですね。

坂井　そう、そう。

木村　レポートを書かせると、接続詞に「けど」とかを使うんです。「それとか」とかもね。

坂井　だから、本当、今言ったライティングセンターというのも、本当、頑張って良いものにしてもらいたいな。それと、スポーツね。運動クラブ。スポーツも、それなりに強化しようとすれば、身を入れてやらないといけない。短期の成果を望んでは駄目なんよ。少しそういう点では持続力を持って、志を持ってというのはよく学生に言ってきたけど、大学自体も、やっぱり持続力のある志を持って、いろんな企画を立て、支援していく姿勢がないとね。

木村 ある程度中長期的なことをやろうと思うと、最初はそれに投資しなきゃならないですよね。すぐに成果が出なくても。最初はぐっと肥やしを入れて、投資していって、初めて成果が出るでしょう。

坂井 そう。教学改革も短期的と長期的が必要やわな。もうちょっと、やっぱり、教学改革というのはどっしりとね。その時の社会の流れとかを直視すると同時に、それに流されずに、もうちょっとどっしりと構えて、まあ、僕がよく言う海面と海底と両方を併せ持っていないと、大学は駄目なんやと。

木村 海面と海底ですか。

坂井 うん。確かに、社会の動きで波立つ海面というのもあるし、その中には、例えばキャリア教育とか、そういうものも当然そこに入ってくるんだけれども、その一方で、やっぱり不動のものというのがあるべきやね。大学はどうあるべきか、少なくとも追手門学院大学はどうあるべきかと。どういう思いを持ってつくったのかということについて、それを忘れては駄目やと思うな。好き嫌いでは駄目なんで、やっぱり将来的に、今はこうであっても、将来的にはこうあるべきだというのがあるやろ。例えば中国なんかでもな、中国に対する見識とか経験を持っているという、そういう人が重宝されるというのは、必ず、今もあるんやけれども、将来的にはもっとどんどん広がっていくというふうに思うんやな。その時になってから、また慌ててやったのでは駄目なんでね。立命が偉いのは、孔子学院とかというてやっとるのは、あれはどういういきさつからやっているのかは知らんけれども、やっぱりそこら辺はどっしり構えてやっとるというのは、あれは、僕は偉いもんやと思うな。これからの世界を見渡した時に、どういう動きになるか。これは短期的なものだけじゃなくて、長期的にもどういう動きになるかということについても、配慮が必要なんとちがうか。改革の中には、やっぱりそういうものも見据えたものがないとあかんと思うな。

「理系の学部がほしかったね」

木村　学長時代に一連の改革のなかでいろいろ新しいものを作られましたが、その一つに笑学研究所がありますよね。

坂井　うん。あれは、やっぱり笑いが必要やでと言うて、京産大の学長時代の初期の頃に、芸人が結構たくさん出とったし、まあ、作るんなら「笑い学」やでと言ったんやけど、結局あんまりこれは乗ってきよらへんかったな。だけど、追手門は大阪やから、大阪やったらいいんとちがうかというので、それで言ってみたら、結構動いてくれた。あと、僕は、やっぱり理系の学部がほしかったね。

木村　ああ。それはよくおっしゃっていますね。

坂井　これがあると、大学としての厚みが出るからね。いや、これは金食い虫やとは想う。金食い虫なんやけれども、理系もいろんな理系の学部があってな、そんなに金が掛からん学部もあるしね、実際に。この理系がないというのは、追手門の弱みやね。やっぱり理系と文系では、教員も学生も発想が違うからね。そういう点では、理系と文系の交わりというのは、ものすごく厚みを増す。その点で理系も必要だと思うわな。

木村　心理学部の実験系は理系的ではありますけどね。しかし、１つ新しい学部を作るというのは、ものすごいエネルギーが要りますよね。

坂井　いや、主体となって動く教員を決めておいて、随時報告は受けるんですけどね、ある程度、もう任せるんや。チェックはするけれどもね。みんな、任せられると、結構頑張ってやるんよね。

木村　その分、任せる側の責任も大きくなりますね。

坂井　それはものすごく大きいね。ロシアの研究をしている先生がいてな。

木村　京産大にですか。

坂井　そう。その方は非常に頭のええ人で厳しい方。よく僕のところへみえたんやけど、その先生と一緒に来た若い先生がいて、ある問題があった時に、いや、これは全部、彼がやってくれて非常に優秀ですわと言うんや。ああいう人が権力を持ってやってくれたら、結構その周辺、広がりを見せていくんやろうけれども、何か問題が起こったら、逃げ腰で対応するやつがおるというようなことになったら駄目やな。

「ボトムアップなしのトップダウンはあり得ない」

木村　トップダウン型のガバナンスというものについて、どのようにお考えですか。

坂井　トップダウンだけでは駄目やね。ボトムアップなしのトップダウンはあり得ないな。僕はさっきも言ったように、京産大時代もグランドデザインでいろんな改革をやりましたよ。全学部を全部改革したし、いろんな改革をやったんやけれども、その時の手法を、東大の女性の先生が僕のところへ話を聞きに来はって、それをある雑誌にまとめはったんやけど、いやあ、そのまとめ方がなかなか素晴らしい。要するに、坂井のやっているいろんな改革はトップダウンではなくて、そうかというて、ボトムアップでもない。基本はボトムアップだけれども、それを上のほうで権限を持ったものがトップダウン式にやっている。こういう改革の仕方はあんまりありませんと書いてくれたんや。４ページほどの文章やったけど、いや、なかなかちゃんと見てくれたなと思ったんやけど。ほんまおっしゃるとおりで、トップダウンだけでやれば簡単なんや、何でも。

木村　そりゃ、話は早いですけどね。

坂井　こうやれと言うたらええんやから。それだけだから簡単なんやけど、それではなかなか成果は上がらんねん。

木村　結局、下は動きませんからね。現場は納得しないとまともには動かないから、そこなんですよ、問題は。

坂井　そうなんや。だから、そうかというて、ボトムアップだけでは、なかなかそんなもん、まとまらへんのや。だから、最終的には取捨選択して、切り捨てるところは切り捨てる。もう丸ごと駄目ということもあるやろうし。だけれども、一応下のほうで考えていろいろ言うてきたことについては、謙虚に耳を傾けるということが大事やと思う。しかし、最終的には、責任は。

木村　上が取らないとね。

坂井　そう。上が持つ。ほんで、まあね、最終的な責任というのは、追手門でもあったんですわ。心理学の博士後期課程の認可な。あの時に、もし、これができなかったら、乾先生が「私が責任を取ります」と言うから、「いやいや、先生が責任を取るんと違う」いうて。「僕が、僕の名前でこれを申請するんやから、責任は学長が取るんです。安心してください」と言うて。結果的には通ったけれども。やっぱり安心して仕事をやってもらわないといかんし、やはりいつでも、何かあったら責任は取らせてもらいますと言うて、そういう姿勢でやらないと、半分逃げ腰で何かをやったら駄目やね。改革する人は、これからも全部そういう調子で、そういう気分でやってもらいたいなと思うな。

木村　大きい私学を知らないので何とも言えませんが、国立系の大きいところだと、学部同士の利害対立が大きくて、それぞれの学部はもちろんやりたいことを言ってくるわけですが、それはだいたい他のどこかの学部と相反するわけですね。そうすると、やっぱりなかなかうまくいかない。トップダウンで下りてきても、学部の自治が大きくてなかなか言うことを聞かないわけですね。私はまだ追大に来て日が浅いのであんまりよく見えてないんですが、この大学の良いところは学部間の軋轢がそれほどないってところかなと思うんですが。

坂井　そうやねん。学部間の衝突というのか、摩擦というのもあんまりないのかもしれん。

木村　大きいところはもっと予算もでかいし、学生も多いし、そのぶん学部間の対立もね。

坂井　そういう点では、追手門も結構頑張ってやれる。お互いの足を引っ張るという、そういう風土ではなさそうに思うけどな。

「スポーツで壁を越えたという経験は、力になる」

木村　少し話題を変えますが、一般に、大学はスポーツをやりますよね。昔からやっているわけですけど。大学において、スポーツに学生が力を注ぐ、また大学がそれに力を入れる。そのためにいろいろな学生を採ってきます。そこで、伺いたいのですが、大学教育とスポーツというものの在り方、あるいはそれを追大として今後どういうふうに進めていったらいいかという、そのあたりについてどのようにお考えでしょう。難しい問題だと思うんですけどね、大学教育とスポーツの問題は。

坂井　難しいね。

木村　建前では勉学とスポーツの両立ということを言いますが、本音を言えば、両立というのはなかなか難しい。相当優秀な潜在力の持ち主でないと難しい話やと思うんですよ。

坂井　大学における勉学とスポーツというのは、根っこは一つなんや。つまり、自分に対する甘えを許さない。そういう厳しさを持っていないとできない。まあ、スポーツはわかりやすいけど、勉強だって、自分に対する厳しさを持っていなかったら、そんなもの、芽を出すことはできないよ。それは当然そうや。ほんで、受験時代と違って、大学での勉強というのは、要するにやることというのは、だいたい一つだよ。だんだん広げてはいくにしても、やることというのは、そんなにあれやこれやというわけではなくて、僕の場合は学生時代、文学というのをやっておったけど、文学も幅がいろいろあるんやけど、それをめぐってもいろいろあるけれど、要するにこれについてやろうとなったら、やっぱりそれなりに身を入れて打ち込んでやらないと、芽は出てこない。そんなふうに自発的に自分の内部からどう開拓して、やっていくかということは、スポーツも同じじゃ。根は一つやと思う。

木村　現れはかなり違いますけどね。

坂井　そう。だけど、スポーツで壁にぶつかった時に、それを克服したという経験は大きいね。将来の自分の人生でいろんなことで必ず壁にぶつかるというのはあるんだよ。何をやっていてもね。その時に、スポーツで壁を越えたという経験は、力になるんじゃないかと。

木村　確かに。

坂井　野球部もそうだよ。1部昇格の入れ替え戦。僕はあの時ちょうど東京におって、東京のイベントに出てたんだけど、経過は逐一聞いておったんや。ほんなら、1回戦は残念ながら負けたんや。で、2回戦や。2勝したら勝ちやからね。2回戦は、球場に行って、試合前、げきを飛ばすというので出ていってね、何かひと言をと言われた時に、「今日の試合は、勝つのは君らや」と。「うちが負ける要素はまったくないんや」と言うたんや。根拠はないんやで。根拠はないんやけど。監督にしても、選手にしても、どこを見ても、相手に負ける要素はまったくない。君らは最後に勝つんやから、どんな展開をしても諦めるな。必ず勝つと言ったら、ほんまに勝ちよったんや、逆転で。ほんで、第3戦も観にいった。「わかってるな。今日必ず勝つから」と言ったら、ほんまに勝ちよったんや。そういうもんでね。ちょっとした気持ちの持ち方で、試合なんて勝ち負けが変わるからね。

木村　確かにそこで人間を育てるということでは勉強もスポーツも同じことで、あえて極論するなら、どっちでもいいと思うんですよ。文武両道とはいいますが、たいてい、それはスポーツをやってる子に言うんですよね。スポーツができなくて勉強だけ一所懸命やってる学生にはあまり文武両道ということを求めない。勉強ができなくてスポーツだけやってる子にだけ文武両道を強調するという風潮がありますよね。しかし、天はなかなか二物を与えてくれませんから、勉強とスポーツの均等な両立というのは本当のところはむずかしいわけですね。

坂井　スポーツをやる子のために、別の授業カリキュラムを組んでやったらいいんやな。

木村　それも必要だと思います。スポーツに時間とエネルギーを費やしてる学生に、そうでない学生と同じカリキュラムで同じ成績を求めるのは酷ですよね。プロにならないまでも、スポーツの世界で生きていこうと思う学生には、それなりに知ってなきゃいけないことがありますよね。スポーツをやらない人は知ってなくてもいいけど、スポーツをやる人間としては、例えば健康管理の話とか、スポーツ・マネジメントのこととか、そういうことを知ってる必要があるわけで、そういうことを教養として身に付けられるようなカリキュラムを組んで、あとはスポーツをガンガンやらせていったら、そこでちゃんと育つと思うんですけどね。スポーツを通して、そこで揉まれて行って、教養とか、文化とか、社会性とかを身に付けていきますからね。

坂井　僕はスポーツをやる子ね、スポーツ選手とか、クラブでやっている子もね、少なくとも勉強についても要領よくやれと思ってる。あんまりガンガン勉強せんでも、要領よくやって、4年で卒業する。それでいいと。スポーツで身に付けた要領の良さみたいなのも、社会に出てからは大切やないかな。だから、スポーツ選手用の別の科目みたいなのを立てて、単位を取らせてやるといいと思う。

木村　文武両道というときの「両道」の意味、あるいは中味が考え直されていいわけですね。

坂井　そう。

「百貨店じゃなく、専門店で」

木村　また、少し話は変わりますが、ノーベル賞を取った日本の学者が、みんな言うのは、そんなに何でもかんでも勉強しなかったと。口をそろえて、好きなことだけをやりましたって言うでしょう。それはいいんだけど、もともとよくできる子には、それでいいんですよ。好きなことだけをやりなさい。ところが、そこそこ勉強をさせないかん子に好きなことをやりなさいでは、これはいかんわけで。そうすると、その勉強が苦手な学生とか、勉強が好きではない学生には、何を言ってやればいいんでしょう、教師は。

坂井　やっぱりね、どの子も特徴が違うわけやから、この子はこれやったらできるんちゃうかと。例えば、国語や算数は駄目やけど、この子は社会やったら、この分野やったら、わりにできるんやないかというのでやらせれば、結構それでできると、自信を持つんだよな。だから、そういうので、1つのきっかけとしてね、何か自信を植え付けるようなことをやらせるとか。

木村　長所を見出す。

坂井　そう。これは追手門の昔の学院長の八束周吉さんという方が、生徒にはそんなに勉強せいなんて言う必要はまったくないんやと。全部、それぞれの子どもには能力というか、才能というか、それなりのものをみんな持っているので、一律に自分の枠に、型にはめようとすると、損ねてしまうと。だから、全部、それぞれの子に合わせたものを、って。これは非常に難しいことや。これは時間もないとあかんしな、教員の方にもね。時間に追われていたら駄目だし、ゆとりがないと駄目。だから、今の学校の先生は、そんなゆとりがないかもしれんけど。だけど、ある意味じゃ、一緒に生徒と遊ぶとかという、そういう中から、あ、この子はこの辺にものすごく芽があるんじゃないかというふうに見つけられるとね。僕はよく言うんだけれども、オールラウンドで、何でも揃っているような大型のスーパーとか百貨店じゃなくて、専門店でええねん。

木村　みんなひとりひとりが1つの専門店でいい、と。

坂井　そう。専門店は作ろうとすれば、作れるんじゃないかと思う。駄目だと諦めている子はなかなか時間がかかるかもしれんけど、そこを上手に仕切らせてやれたら、専門店ができるんやないか。専門店ができると、結構自信を持って、いろんなことに芽を出していくという可能性はあるわな。

木村　それには余裕が必要ですね。いま大学の教員になっている者の大半は、年齢から言えば、自分自身がそういう教育を受けてきて、その恩恵を受けてきたから、わかっているはずなんですね。そんなに短期では育ってきてないから、そっちの良さがわかっているはずなんだけどね。

坂井　なんというかね。決められた枠でみんながやるということになったら、まあ、何かやった気分にはなるわな。

木村　そういうもんですか。

坂井　だけど、それでは駄目でね。危険かもしれんけど、ちょっと、あえてな、ちょっと踏み外したことをやるという人はおってもええんだけどな。

木村　難しいですよね。

坂井　僕はかなりいいかげんな教師やったからな、大学でもかなりいいかげんやったよ。だけど、まあ、真面目な人がだいたい少なかったのかもわからんな。カチッと決められたようにやるという。

けど、少なくともな、あんまり神経質な授業をせんと、おおらかにやったら、学生は元気になると思う。

木村 そう思うんですけどね。

坂井 この間、女房が親しくしてる中国の人がね、女房に、「いやあ、この間、私、ちょっと感動しました」と言うてね。何かというたら、非常勤をやっている人の集まりのところで、50ぐらいの男性の教師が、自慢げに、「私は今日は2人カンニングの学生を上げました。この前、1人上げて、今日は2人です」と言うんだって。そしたら、その場に居合わせたYさん、木村君も知ってるやろ、Yさん。

木村 はい、よく知ってます。大学時代の先輩です。

坂井 あのYさんが、興奮して、その男性の教師に、「あんた、何なんだ」と言ってね、「そういうのは、まともに卒業できるようにちゃんと指導してやるのが教師の務めやろ」って、立ち上がって怒ったらしいわ。

木村 ああ、いかにもYさんらしい。

坂井 うん。いやあ、感動したって。

「笑いに満ち溢れた学院に」

木村　いいお話を伺ったところで、そろそろ締めに入りたいと思うのですが。追手門学院は来年130周年ということで、最後に今後の追大の発展のために何かエールを。

坂井　やっぱりそれこそ笑いやな。笑いに満ちあふれた学院になってもらいたいなと。笑いというのは、いろんな笑いがあるんやけれども。苦笑というのもあるやろうけど。まあ、どんな状態でも、やせ我慢とか、そういうこともあるけれども、とにかく笑いを忘れない、笑いに満ちた、そういう学院に、そして大学になってもらいたいなと。

人間関係というのは、笑いながらけんかをする人はおらへんし、だから、やっぱり人間関係でギスギスしているというのは、そんなところからは何の進展というか、成長も、発展も望めないわ。本当、ギスギス怒ってばっかりおるようなところでは。

そうじゃなくて、少なくとも笑いの精神を持ってやな、笑えんこともあるよ、現実にはな。だけど、少なくとも笑いの精神を持って前へ進むというか、そういう点がものすごく大事やと思うけどな。やっぱり笑いでいきましょうや。

木村　最後に坂井節で締めていただきまして、ありがとうございます。長時間にわたって、お話をお聞かせいただきまして、ありがとうございました。

9．坂井学長の思い出

坂井学長との思い出

北おおさか信用金庫　特別顧問　大木　令司

10年前の平成20年（2008年）追手門学院創立120周年の記念行事として、追手前・茨木の両校地で大規模な校舎建設が行われました。その時建てられた追手前中高校舎の6階部分が、追手前スクエアと名付けられ窓一杯に大阪城を眺める会議室が話題にかなり一般にも貸し出され、様々な講演会やセミナーが開催されました。

我が追手門学院も最大の課題である学院改革を議論するプログラムを組みシンポジウムや講演会を開きました。坂井先生は、当時、京都産業大学の学長さんでしたがこれ等の催しに講師として何回かお出まし頂きました。

坂井先生は、東洋男というお名前にふさわしい堂々たる体格と悠揚迫らぬ立ち居振舞で他の講師の方々を圧倒する存在でした。

坂井先生が学長をしておられた当時、京産大の理事長は廣岡正久君と言って、私の旧制茨木中学、新制茨木高校時代の親友、廣岡迪郎君（故人）の実弟で、同じく茨木高校で私の7期後輩でした。

その昔、吹田の廣岡君の家によく遊びに行った頃はまだ丸い坊主の小学生でした。

　出身企業の代表を辞し、追手門学院の理事長として常勤するようになった私は、輝かしい出自と永い歴史を誇る追手門学院のガバナンスが意外に脆弱で進むべき舵とりも、ままならぬ状態であることに危機感を抱き、胸永さんと二人で様々な講演会やセミナーに出て勉強していました。開学は同世代ながら、大学としては、我が追大の数歩先を確たる足どりで進む京産大からは、多くのものを学びました。

「学長退任後も、教授としてそのまま大学に居残ることを潔しとしない。」と公言されていた坂井先生を、京産大学長ご退任後、我が追手門学院にお迎えできないだろうかと、夢みたいなことを考えていましたが、私や胸永さんの改革に向けた熱意に共鳴したので、体調が赦すなら皆さんと一緒に汗をかこうと言って頂きました。改革途上の本学が外部から大物の先生をお招きすることは難しかったので、改革の1ページ目がなかなかめくれなかったのですが、学長経験者でありながら、受け入れの肩書きにこだわらない坂井先生のおおらかさに甘え、専務理事としてお迎えすることになりました。ただ、結果としては、ご着任平成24年（2012年）4月の1ヶ月前に、竜田学院長が一身上の都合で退任されたため、専務理事としてのお仕事をして頂く前に、学院長にご就任頂く道が開かれ、その後は落合学長の辞任に伴う学長選挙と理事会の決議を経て学長にもご就任頂くことになりました。

　学長ご在任中の坂井先生は、混乱期の大学を大きなご容姿そのままにゆったり全体をつかみ、進むべき道を先頭に立って進まれました。

問題点を瞬時にかつ大局的につかみ、的確な方針を直ちに打ち出される判断力とそれを伝え広める発信力の素晴しさに驚かされました。先生のスピーチはソフトでわかり易く、ご自身の実体験や身辺の話題を折り込み、聞く人の心をつかみ知らぬ間に坂井ワールドのとりこにしてしまう魔力があります。

入学式や卒業式の式辞はじめ4年8ヶ月のご在任中、様々な名言を残されました。これらのお言葉は末永く学院の中で語り継がれることでしょう。動じることのない坂井先生が幼稚園の入園式で幼児の歓声や泣き声に戸惑われた話を聞きました。教育者としての最後の仕事として総合学院である我が追手門を選ばれた坂井先生に、幼い園児たちとのやりとりは一番微笑ましい思い出としていつまでも残ることでしょう。ありがとうございました。

（追手門学院　前理事長）

坂井先生との思い出

通天閣観光株式会社　代表取締役社長　西上　雅章

坂井先生との交流は、平成26年7月、私の母校である追手門学院大学に笑学研究所を作るにあたり、特別顧問と客員教授を引き受けて欲しいとのお話をいただいたのが始まりです。当時坂井先生がお話されていたのは、「笑い」を学問的に追求し、コミュニケーション能力の向上や笑いの効用等を総合的に研究する場所を、他の大学に先んじて大阪に作りたいということでした。

私も通天閣の社長として、通天閣を日本一面白い塔にしたいと思っておりましたし、様々な手法でコミュニケーションを取ることにより生まれる「笑い」が、心豊かな社会を築く潤滑油になると感じておりましたので、笑いの研究に私の経験や想いが少しでも活かせたらと、客員教授を引き受けた次第です。

先生とは、年に1～2度食事やカラオケ等、定期的に交遊を深めておりますが、「笑い」に対する熱意には敬服しております。先生の教育に対する想いの中で、特に印象に残っているのは「課題探求・解決能力」についてです。直面する課題に対して、ガイドがなくても道を拓いて目的地にたどり着くということの重要性を説いていらっしゃったのが強く思い起こされます。というのも、笑いというのは意外性から起こるものですので、私もまさに未開の地を開拓すべく、日々アイデアと格闘しているからです。私もビリケンさんのようにいつもニコニコしているわけにはいかず（笑）、どうすれば通天閣や新世界が楽しくなるか、常に頭を巡らしております。これからは「今まで通りが全て正解ではない」という柔軟な想いのある若者がどんどん出てきて欲しいと思います。さらに、目的地にたどり着くための行動力と順応力も学生の皆さんはこれからの人生で非常に大切だと思います。弊社でもアイデアが生まれればまた新しいアイデアが重なり、常に方向性が変化する中で対応力が求められています。次々と幅広く物事に目をやることが必要です。坂井先生の教育論は、自分たちの仕事環境にも非常に近しい関係であると感じた次第です。

「課題探求・解決能力」を得るためにはコミュニケーション能力が根幹となると思いますし、笑いはコミュニケーションを学ぶのに、とても受け入れられやすいと感じております。坂井先生には、教育という一見笑いとは遠く離れた世界から通天閣を取り上げていただき、このような繋がりのきっかけをもたらしてくださって、本当に感謝しています。

これからも、笑学研究所のような場所が多く作られることを祈って止みません。追手門学院大学で、ぜひ学生の皆さんが楽しく活き活きと勉学に励んでいただき、学びと笑顔の連鎖で、充実した経験とコミュニケーションの和が広がっていくことを期待しています。

坂井先生とは今後もぜひ交友を深めていければと思います。私も人のことは言えないのですが、先生はお酒が弱いので（笑）どうぞご自愛下さい。

（追手門学院大学　客員教授）

坂井先生との思い出

株式会社フジオフードシステム　代表取締役社長　藤尾　政弘

坂井先生とのお付き合いは、先生が追手門学院大学学長に就任され、程なくして、ご一緒させていただいた食事会からでした。第一印象は、大変風格があること、非常に優しい目をしておられることでした。その後、年に2～3回食事をご一緒させていただいて、毎回、感じることは、全体を包み込むような優しい雰囲気、また、たくさんの気遣いをされる方だということでした。

坂井先生とは会食以外でも、様々な機会でご一緒させていただきました。学院の評議員会の他、読売巨人軍の「燦燦会」、歌手森山良子さんのコンサート、大学女子サッカー部の試合観戦と打ち上げなどです。

特に、強く印象に残っていますのは、平成25年3月25日の大学学部・大学院学位記授与式のことです。先生の卒業生への祝辞の中で「複眼思考」という言葉に感銘を受けました。「目の前の現象を別の角度から見つめなおすこと、同じ現象でも、角度を変えて眺めると全く様子が違って見える」

という内容のお話でした。この言葉は、以降、自身のビジネスにおいて肝となっています。また、もうひとつ心に残っている言葉は、「難しい課題に挑戦し、それが成功するかどうかの分かれ目は、能力以上の根気がものを言う。その根気は悲観的に物事を考える姿勢からは決して生まれない。」という言葉です。これらの言葉は、今でも私の心に強く残っています。

学位授与式繋がりでは、大学関係者から聞いた話ですが、ある年度の前期末の学位授与式において、ご病気だったと思いますが大変な苦労をされて学位授与式に臨まれた学生のことを、学長式辞の中で紹介され、涙ながらに学生の努力を讃えられ、会場内は静まり返っていましたが、学長式辞のあとは拍手喝采であったと聞きました。坂井先生は恐らくこの学生さんのことを在学中から見守っておられたのだと思いますが、流石、坂井先生らしい式辞をされたと暖かい気持ちで聞かせていただいたのを覚えています。

坂井先生の最終講義にも出席させていただきました。ご挨拶やお話を聞いていますと、お話をしている間に様々なことを思い出されて、お話が派生して広がっていくのですが、最後はしっかりとまとめられる。しかも、そのまとめには大変重みがあり、人の心を打つ。話術と申しますか、お話が大変上手で、安心して、楽しく聞いていられる。それが坂井先生のお話であり、数々の重責を全うされた経験の豊富さに基づいておられることを感じずにはいられませんでした。最終講義には、教職員はもちろん、大勢の学生が出席しておられ、教室内は満席でした。講義が終わると、花束贈呈、タクシーに乗られるまで、教職員、学生の拍手が鳴り止まないなか、坂井先生は全員に見守られて大学を後にされました。これほどまで教職員、学生から愛された学長も過去にはおられなかったのではないでしょうか。

また、弊社との関係の中では、季刊誌の「ふう」発刊において対談をお願いしましたところ、快くお引き受けいただきました。様々な分野の著名な方と対談をさせていただいていますが、坂井先生には、改めて、優しさ溢れるお人柄を感じる機会となりました。

また、同窓生であり、坂井先生との繋がりから、現在、２０１９年4月に開設される追手門学院の新キャンパスにおいて、安威キャンパスに続き2店目となる学生食堂の準備を進めています。安威キャンパスに負けない、生徒・学生・教職員をはじめとする利用者の皆様に満足していただける店舗にしていきたいと考えています。過去には、全国の学生食堂で第2位に選ばれたと聞いていますが、日本一の学生食堂になれるように、坂井先生からも素晴らしい食堂ができたと言っていただけるように進めていきたいと考えています。

坂井先生には、公私ともに大変お世話になり誠にありがとうございました。今後も健康には十分留意され、お酒はほどほどにして、元気にお過ごしいただきたいと思います。

そして、またご一緒させていただける日を楽しみにしております。

（追手門学院　理事長参与）

坂井先生からいただいたお言葉

トップ金属工業株式会社　代表取締役　林田　隆行

坂井先生にはじめてお目にかかったのは２０１２年、専務理事として追手門学院大学へお越しいただいた時ですが、その７月に学長に就任され、人を包み込む暖かいお人柄と熱のこもった思いやりをこめたたくさんのお言葉に触れさせていただく事になりました。

私は二男の大学入学がきっかけで、２００７年に教育後援会、２０１０年から卒業生保護者の会の会長を務めさせていただき、２００８年からは学校法人の理事会の末席を穢させていただいておりました。

坂井先生が学長にご就任いただいた後、２０１３年から、校友会の会長を務めさせていただく事になりますが、卒業生団体の運営とその方向性を考えるうえで、母校とともにあゆむことを強く意識したのは、坂井先生からいただいたあるお言葉があったからでした。

「大学は改革を継続し続けなければいけない。大学改革は誰のために行うのか。それは卒業生のためである。なぜなら、卒業生は出身大学のその時々の時価で評価されるから。だから常に社会的評価を高めるために大学改革を継続し続けなければいけない。」

このお言葉が示すように、卒業生の母校への思いをこれほど汲み取っていただける学長はおられなかったと思います。

大学校友会には全国に5万人を超える卒業生会員と11の地域支部があります。それぞれの支部総会の案内や、年に一度のホームカミングデイ、年2回発行している校友会報など、校友会会員である卒業生には折に触れ、追手門学院大学校友会の名前で、いろんな書類を発送しています。

過去に、卒業生から、大学の名前の入った郵便物を送らないでほしいと言われたことがありました。まことに残念なことではありますが、出身大学を回りの人に知られたくないということでしょうか。卒業生が社会で肩身の狭い思いをしている。このことを、坂井先生が感じておられたということです。

前任校の学長をおつとめになられた時代からそのことを思って大学運営にあたってこられたのかもしれません。

２０１３年から大学校友会の会長を務めさせていただくことになりましたが、毎年の学位授与式の祝賀会で、卒業生に対して次のことばを送ってきました。

「我々卒業生は、社会有為な人材とならなければいけない。そして社会で活躍するとき、追手門学院大学の卒業生ですと、胸を張って名乗ってください。それこそが我々卒業生がお世話になった母校に対してできる恩返しです。」

もちろん出身大学を名乗る前に、社会で立派に活躍し、自身の名前が高まっていなければならないことはいうまでもありません。

大学改革を進めるにあたって、坂井先生が一番心にかけていただいていたのが卒業生であったこと、卒業生のことを思って大学改革を推し進めようとしていただいていると感じたからこそ出てきたことばです。大学が卒業生のことを思って大学改革を推し進めているのだから、我々卒業生もそれに応えなければいけない。学長として大学改革を推し進めていただいた時、同時に私も大学校友会の活性化に努力してきましたが、それは卒業生を思っていただける坂井先生からいただいたおことばがあったからだと思っています。

今、母校は、創立50周年を経てさらなる飛躍をすべく新キャンパスの開学や、教育改革を着々と推進し、坂井先生がお考えいただいていたように、卒業生が胸を張れる大学に変貌しようとしています。

今後も坂井先生のご意思を受けついで、とどまることなく大学改革を継続し、われわれ卒業生も一緒になって取り組み、母校のさらなる発展のために全員で努力したいと思います。

胃を全摘されてもお元気でご活躍いただき、まさに不死身のお体かもしれませんが、今後もご自愛いただきまして、いつまでも追手門学院大学を見守っていただきますよう、心からお願い申し上げます。
ありがとうございました。

（追手門学院大学　校友会会長）

坂井先生の思い出

追手門学院　総務室長　追田　実

私の手元に2枚の名刺がある。1枚目には次のように記載されている。

「京都産業大学　教務部　事務部長　石田　茂」

この名刺は、2007年4月に一般社団法人　日本私立大学連盟が開催する研修の運営委員会で石田氏から頂戴したものである。石田氏が2008年度末で運営委員を辞任されるまでの2年間ご一緒させていただいた。人柄が優しく面倒見の良い印象を受けたが、石田氏を知る他大学の職員から、「大学では職員指導に非常に厳しく学長の片腕と評されている。いずれ理事会で重要なポストを担われるであろう。」とお聞きした。研修の枠を超えて、私学経営、私立大学職員の役割等について貴重な意見をお聞かせいただきたいと願っていた。しかし、原因不明の難病を患われ闘病生活を余儀なくされ、職場復帰を数回繰り返されたが、残念ながら2010年4月に帰らぬ人となられた。

もう1枚の名刺には、「京都産業大学　学長　坂井東洋男」と記載されてある。住所も電話番号も記載されていない、まったく味気ない名刺である。この名刺は、2008年1月に行われた連盟の新年交歓会で、石田氏から坂井学長をご紹介いただき頂戴したものである。

私が２０１４年2月から追手門学院にお世話になることになった。学長は、坂井東洋男先生、京都産業大学の学長を務められたと伺い、石田氏のことをお尋ねしたところ、石田氏からご紹介されたあの坂井東洋男先生ではないか。（先生には失礼だが名刺交換したことさえ失念していた。）何と言う巡り合わせであろう。また奥様と私が広島県の出身ということで先生との距離が格段と近くなり、親しくさせていただくことになった。

先生が嗜われるお酒は、年間を通じて冷酒であり、お酒の肴は、学院、京都産業大学時代、ご親交のある幅広い分野の著名人、ご自身およびご家族などの話題と事欠かない。そして石田氏の思い出である。この時ばかりは、目が潤まれているような。石田氏の奥様とお嬢様をご招待された席にお声がけいただき、お嬢様の父親代わりをお務めになられていることをお聞きし、京都産業大学学長時代に生前の石田氏へ全信頼を寄せられていたことを改めて知ることとなった。

学院の話題では、「学生はかわいい。一人ひとりの個性を大切に伸ばしてやることが大学の使命。」、「本学の職員は優秀である。しかし、職場は厳しいだけではダメ。時として冗談を交わすことのできる明るい職場でなくてはいけない。そうしないと疲弊してしまい力が発揮できない。」と口癖のように述べられていた。

いずれの宴席も約1時間半で終了する。奥様が自家用車でお迎えにお越しになる。お見送りの際に何とも言えない温かい夫婦愛を感じてしまうのは私だけだろうか。

他人には価値の無いただの紙切れの２枚の名刺だろうが、私には貴重な紙切れである。

坂井先生のアウラ

追手門学院大学　副学長　真銅　正宏

坂井先生のお人柄に接するたびに、何か特別な雰囲気を感じます。この風格はどこからもたらされるものなのでしょうか。

私が追手門学院大学で坂井先生とご一緒したのはたった2年間に過ぎませんが、前史というべき京都での思い出がいくつかあります。私は前任校で3年間、いわゆる図書館長に当たる職を務めましたが、その間に、私立大学図書館協会西地区部会会長校に当たり、２５０校以上が所属する部会の研究会を開催することになりました。その際、会場当番校は京都産業大学でした。開会の挨拶を私が務めた後、当番校のご挨拶に登壇されたのが、当時京都産業大学の学長であった坂井先生でした。２００９年９月18日のことです。図書館が大切であること、図書館長という役職は立派であること、そして実は自分も図書館長を務めたことがある、ということを、例の如く、ユーモアたっぷりにお話しになりました。通り一遍になりがちのこういう挨拶の場が、実に和やかなものになったのをよく覚えています。

また、これは追手門学院大学に着任後のことですが、カラオケの話で盛り上がり、心理学部のＩ

教授と3人で鮨屋の2階を貸し切ってカラオケ大会を楽しんだこともあります。坂井先生は井上陽水がお得意で、他にもいろんな歌を交代でたっぷり歌いました。歌はとてもお上手です。ただ何を歌っても坂井先生の歌になります。声の存在感も特別です。

アウラというドイツ語があります。ヴァルター・ベンヤミンが用いたことで有名な概念で、コピーすると失われてしまう価値、すなわち今ここにしかないということから生まれるオリジナルの権威のこととされます。やや拡大解釈して、本物であることが醸し出す特別の存在感と言い換えることができるかもしれません。このアウラが、坂井先生の雰囲気の正体のように思われるのです。英語で言えばオーラですが、この言葉は霊的で茫漠としたエネルギーという意味合いが強く、ややイメージが異なります。

例えば、先生のあらゆる場でのお話は、際立った独自性を見せます。「卒業生は大学の時価で判断される」「百貨店ではなく専門店をもつ人間になれ」「教育とは卒啄同期だ」など、味わい深い表現が多いことは周知のとおりです。私は日本近現代文学を専攻していますが、そのせいもあり、坂井先生のお言葉の奥にことさら強く文学性の裏打ちを感じます。

先生のご専門は中国近代文学、特に魯迅のご研究ですが、本書に収められたいくつかの文章にも、日本近代文学からの影響を感じさせるものが見られます。高校時代から夏目漱石は文庫の作品を全部読まれ、その後も、武者小路実篤、森鷗外、芥川龍之介などに親しまれ、卒業してからは、太宰治に「はまってしまった」とよくおっしゃいます。それから、高橋和巳との京都大学での出会いも劇的です。当時の高橋は小説家として人気の高かった時代で、坂井先生は単行本を初版ですべて読んだそうです。その高橋が、先生の論文をほめる。とても幸福な一場面です。これらを見るだけでも、先生がいかに文学青年であったか、しかも、日本の近代文学にどれほど親炙してこられたかは明らかです。井伏鱒二の『厄除詩集』の「さよならだけが人生だ」という妙訳の話、石川啄木の「友がみなわれよりえらく見ゆる日よ」の歌の話、また、自分の生い立ちについて問われて「僕は三島由紀夫と違うから、生まれた時のことはおぼえていないけど」と、三島の出生時のエピソードをさらりと滑り込ませるお話ぶりなど、私などには嬉しくなるようなものばかりです。

私が追手門学院大学に移る際、前任校の八田英二現総長・理事長が、「坂井先生は、いかにも大《たい》人《じん》という方なので、大船に乗ったつもりで任せてついていけばいい」という趣旨のアドバイスを下さいました。八田氏も、坂井先生のアウラを確かに感じ取られていたものと見えます。

私は、この文学的アウラこそが、坂井先生の存在感を作り上げているものと信じています。文学を介した先生とのご縁を、今後も大切にしたいと思います。

あとがき

あとがき

知らぬまに編集されていた、自分の貧しい言葉の集積の「あとがき」を、ご下命によるとはいえ、書くはめになり、気恥ずかしい限りである。

巻頭の、川原俊明追手門学院理事長をはじめ学院諸氏、またご多忙のさなかご寄稿いただいた学外各位の身に余る言葉の数々、添削を許してもらえるものなら削除させていただきたい箇所が随所にある。

収録の一部には学院の学生や保護者、あるいは校友会の求めに応じた拙文もあるが、ほとんどは折に触れてしゃべり散らしたもの。手ぶらで、メモや原稿もなしに思いつきをしゃべったものである。学長時代の秘書だった有田裕貴氏がずっと録音していたものらしい。

木村英樹教授との対談、対談と言うよりは、問われるままの雑談あるいは放談、ざっと斜め読みした印象では、学生などに語った調子と若干異なる。秘めた無頼の本性の一部が露呈しているかもしれんと思いつつも、まあ仕方がない、ふだんの会話がこんな調子なんだから。

対談（雑談）も有田氏がテープを起こして約半分の分量につづめたものらしい。木村教授とは50年近いえにしで、のちに東大教授になる彼とは彼の高校時代からのつきあい。そんな忌憚のない間柄だから、分量もさることながら、公にすることを憚られる個所を有田氏は編集削除してくれたようである。

こんな放言を本にまとめてどうするの、と訊くと、自校教育の材料にも使うという。身に余ることであるが、私の若いころの生きざまや経験は、いまや社会も時代環境も大きく違っている。とはいえ、何がしかの足しになりうれば幸いである。若いうちは恐れるものは何もない、多少尖っていてもそのうちに角がとれる。

学長としては2つの大学とかかわりをもった。京産大の昔の学生はまことに元気だった。どこの大学も当時は元気だったかもしれないが、京産大の学生には加えて笑いの精神があった。芸人も多く輩出しているが一般の学生も何かにつけて笑わせようという気風があった。いつだったか京都府の山田知事からも「座をなごませてもらって助かっています」とお礼の言葉をたまわった。

追手門学院は１８８８年（明治21年）創設の小学校に淵源をもつ。追手門学院小学校が基本的に重んじるのは礼節。２０１４年だったか、小学校の卒業式に出かけるのに、梅田からタクシーに乗った折に、運転手さんからうかがった話はまことに感銘深いものだった。10年余り前の話。谷町筋のどこだったか、70歳ほどのおじいさんが小屋がけで靴磨きをなさっていて、その前を通るとき、追手門学院小学校の生徒は皆さんきちんとお辞儀をして通っている。「こんな教育をしている学校はありませんね。今ではそのおじいさんも見かけなくなりましたが」、とおっしゃっていた。

私が学院に赴任して2年目くらいのことで、そんな話は初耳だった。タクシーからおりしなに運転手さんに、お礼を申しあげた。

小学校と大学とは違うというお考えもあろうが、人間社会でたっとぶべきは礼節と笑い。知性もそれによって輝きをまそう。

礼節や笑いの心遣いや余裕なくして中途半端な学力だけでは社会で有用とはなるまい。

追手門学院の教育の根幹の礼節に笑いの厚みをくわえたい。

坂井　東洋男

略年譜

坂井東洋男・略年譜

坂井東洋男
趣味：スポーツ観戦、将棋、カラオケ
嗜好：お酒（特にウィスキー（角）、日本酒）、タバコ

年		月日詳細
1943年	S18	10月19日、京都市中京区に、父坂井栄三郎、母あきの次男として生まれる。
1950年	S25	4月、京都市立朱雀第三小学校に入学。小学2年時、近所の犬に手を噛まれ、母に報告するも自分が悪いと言われたのを機に自立心が芽生える。
1956年	S31	4月、京都市立松原中学校に入学。熱血教師に出会い、英語に関心を持つ。
1959年	S34	4月、京都市立西京高等学校普通科に入学。2年生の頃から読書癖。古本屋めぐりが始まる。岩波文庫の魯迅作品を読破。3年生の12月に父が急死。人生の大きな転機を迎える。太宰作品への傾斜始まる。
1962年	S37	4月、大手自動車メーカーに入社。入社後1週間で「自分のやりたいことではない」と退社。大学に進む道を選ぶ。アルバイトの傍ら受験をめざす。いわばフリーター浪人。太宰などの無頼派作家、明治大正の作家を耽読。京都予備校の公開模試では意外にも好成績。特に英語は、600人中第2位の高得点。

1964年　S39　4月、神戸市外国語大学中国語学科に入学。「文学をやるために文学部は愚か」との思い込みから、京大は受験せず、神戸市外大に進む。入学後は授業にはあまり出ず、京都の自宅で、読書に明け暮れる。絵に描いたような「遅れてきた青年」。1年生の夏休みに、辞書を片手に独力で『魯迅全集』全10巻を原文で読む。

1968年　S43　3月、京都大学大学院文学研究科中国語学文学専攻に合格。高校時代の友人の薦めで大学院に進むことを決意。前年に明治大学を辞し、京大文学部に着任した高橋和巳への敬愛から、京大の大学院を受験。合格。にもかかわらず、神戸市外大の卒業単位が足りず、留年。大学院進学は見送り。

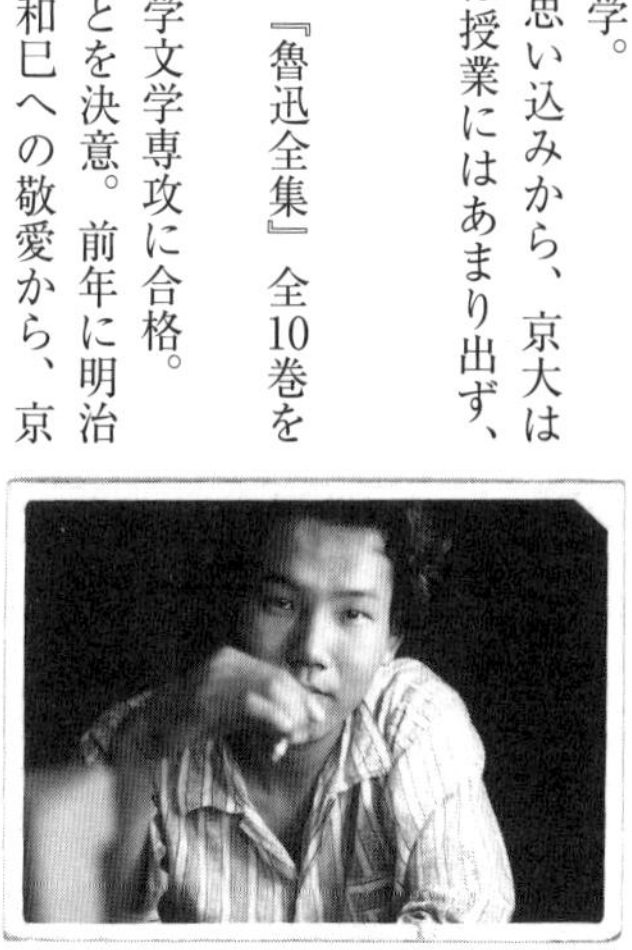

1969年　S44　翌年再度京大大学院を受験。合格。4月、京都大学大学院文学研究科中国語学文学専攻に入学。高橋和巳を恩師として敬愛するも、文学論議においては対等の物言いをする生意気な学生。

1970年　S45　4月、大出ユカヱ（当時神戸市外大生）と結婚。

1971年　S46　3月、長女多穂子誕生。4月、非常勤講師として京都市立塔南高等学校の教壇に立つ。英語、現代国語、古文、漢文を担当。さらには数学の担当も依頼されるが、さすがに畑違いとのことで数学は断る。

1972年　S47　3月、京都大学大学院文学研究科修士課程修了。

1973年　S48　4月、龍谷大学、京都橘女子大学、佛教大学などの非常勤講師を勤める。

1975年　S50　1月、次女圭子誕生。

3月、三女弥生誕生。

4月、京都産業大学外国語学部講師に着任。採用の際、総長の面接はなし。当時の京産大総長は荒木俊馬氏。「きみは学生が好きか」が口癖。

同僚に、小川環樹（京大名誉教授）、入谷義高（京大名誉教授）、太田辰夫（神戸市外大名誉教授）、花房英樹（京都府立大学名誉教授）など。

1987年　S62　4月、京都産業大学外国語学部教授に昇任。

外国語学部長、図書館長など多数の役職に従事。学外でも日本図書館協会大学図書部会長など多数の役職に従事。

2002年　H14　10月、京都産業大学学長に就任。

学外では、日本私立大学連盟理事、大学コンソーシアム京都副理事長など多数の役職に従事。

スポーツ教育にも尽力し、関西学生空手道連盟会長、関西六大学野球連盟会長を務める。

2008年に理学部益川敏英教授のノーベル物理学賞受賞の慶事も。

2010年　H22　9月、京都産業大学学長任期満了。

2011年　H23　2月、腫瘍が見つかり、胃を全摘出。

4月、追手門学院専務理事に就任。

2012年　H24　7月、追手門学院学院長及び追手門学院大学学長に就任。

ガバナンス改革を進めるなど教育改革に手腕を発揮。

応援団、女子ラグビー部、女子サッカー部を設立し、大学の活性化とスポーツ教育の強化を図る。

大阪の大学にふさわしい「笑い」の研究とその教育的還元の意義に着目し、笑学研究所を設立。

2017年　H29　3月、追手門学院大学学長任期満了。

改革の10年（略史）

追手門学院「改革の10年」年表（略史）

年	月	日	詳細
2008			「追手門ビジョン120」策定
			「理事会改革検討委員会」答申
			大学新「授業アンケート」開始予定
	1		「経営戦略室」設置
	3	6	サテライトオフィス大手前開所式
	3	29	茨木中・高新校舎竣工
	4	26	「大阪城スクエア」竣工式
	4	26	大手前中・高新校舎竣工
	5	11	大阪城プロジェクト開始
	6	13	創立120周年記念文化芸術祭
	6	28	「将軍山会館」竣工
	11		「大阪城プロジェクト」終了
	11		「上町学古都おおさかプロジェクト」開始
	11	7	「追手門ビジョン120」発表
2009			学長選考新制度の検討

1 新1号館竣工
「将来計画推進委員会」発足
1 30 小学校西館竣工式
3 14 幼稚園創立40周年記念式典
4 幼小中高「学校評価・教員評価」制度本格稼働
4 大学「キャリア教育支援室」設置
4 執行役員制導入
7 大学「学習支援室」開設
10 大学「学習支援・教育開発センター」開設

2010
大学5号館改修
「経営的な基礎理解力育成による就業力向上」が文科省「大学生の就業力育成支援事業」に選定される
「将来計画推進委員会」答申
2 ガンバ大阪とパートナーシップ協定締結
5 25 1号館、大阪建築コンクール最優秀賞を受賞
8 18 幼稚園がドイツ、フィンランドへ幼児教育視察
8 30 上海万博参加

10 3 両中・高創立60周年記念式典

2011

3 「学院教育改革検討委員会」発足
3 大学基準協会認定評価で「適合」
3 「大学ガバナンス改革検討委員会」発足
3 16 「東北地方太平洋沖地震」義援金募集開始
4 大手前高校で「追手門コース」スタート
7 1 川原俊明理事長就任
9 8 トップマネジメント政策提案会
10 1 「グローバル人材育成塾」開講
10 8 「大阪城スクエア」来場者10万人達成
11 1 「理事長室」設置
11 9 「学院教育改革検討委員会」発足

2012

3 「学院教育改革検討委員会」答申
4 「一貫連携教育機構」設置
4 「地域文化創造機構」設立
4 「大学ガバナンス改革検討委員会」答申
4 坂井東洋男専務理事就任

4　中高「スポーツコース」新設
4　大学「教養ゼミ」開講（学部学科学年横断）
4　大学評議会廃止（教育研究と運営に機能分化）
4　1　「大阪梅田サテライト」設置
6　副学長の増員（1名から3名へ）
6　副学長選考制度の改革
6　1　「入学センター」発足（入試広報課と入学試験課統合）
7　坂井東洋男学院長就任
7　「エンパワメントアプローチによる就職支援モデルの展開」S評価を受ける
7　27　坂井東洋男学長就任
9　中期経営戦略（2013年度から実施）まとまる
9　大学創立50周年記念ロゴマーク決定
10　15　「R&I」（格付投資情報センター）格付けでA（9年連続）

2013
「副学部長」「学部長補佐」設置
4　高校（茨木）で「表現コミュニケーションコース」新設
4　大学「強化クラブ」発足
4　大学「グローバルキャリアコース」開設

	4		「基盤教育機構」設置
	4		「おうてもんがくいんこども園」開設
	4		教授会審議事項を教育・研究に特化（人事なし）
	4		学長選挙廃止（選考委員会による選任）
	4	1	「教育開発センター」発足
	5		地域文化創造機構「連携考房 童子」開室
	7		教授会を学長の諮問機関に（明文化）
	11		理事会改革（理事、評議員の定数を半減）
2014			アサーティブ入試とアサーティブプログラムが、文科省平成26年度「大学教育再生加速プログラム」に採択
	2		ユニバーシティアイデンティティーを策定
	4		大学「スポーツキャリアコース」開設
	4		「教育支援センター」新体制で活動開始
	4		２０１４年度入試で志願者増（前年対比１２２％）
	4	1	教学組織・事務組織の再編
	5		学内映像放送システム（デジタルサイネージ）始動予定
	5	29	大学「スポーツ研究センター」設立

5 29 「成熟社会研究所」設立

5 29 学院主催「会う手門ＤＡＹ」開催

7 教育振興会結成

7 1 川原俊明理事長再任

8 23 チアリーディング部、School&College Competition ２０１４で準優勝

9 14 吉本のお笑いコンビ、ロザンが客員教授に就任。記者発表

10 「進学ブランド力調査」で、志願度、親しみやすさ、が向上

２０１５

大手前中学、World Robot Olympiad 世界大会に出場

学院創立１３０周年スローガン「現代未聞 追手門」に決定

歴代理事長による座談会「学院の過去から未来・１３０周年に向けて」

1 大学チアリーディング部、世界大学チアリーディング選手権大会（フロリダ）に出場

1 15 茨木キャンパス内遺跡整備完了お披露目日会

2 ２０１５年度入試志願者増加率日本一「２０１５年度入試状況」

4 全学年がインターンシップ参加可能に

4 こども園「幼保連携型認定こども園」となる

4 大学「リーダー養成コース」開設

4 経済学部改組

4 「地域創造学部」設置
4 1 追手門学院総合募金開始
5 16 「大学女子7人制ラグビーフットボール交流戦」で、女子ラグビー部が優勝
5 29 「学院創立記念日の集い」
6 1 「アサーティブ研究センター」開設
6 1 教育開発センターを廃止。教育開発機構を設置
7 1 地域支援心理研究センター付属「心のクリニック分室」開設
9 大手前中1全クラスで、ロボットサイエンス教育実施。ICTの活用も強化
9 2 「学生FDサミット2015夏」を本学で開催
9 19 「第2回 追手門ダンス表現フェスティバル」開催
9 30 和歌山県田辺市と連携協定を締結
10 1 大学「笑学研究所」開設
10 24 大学硬式野球部、29年ぶりの一部リーグ昇格
秋から「スチューデント・ジョブ制度」開始
大手前中学ロボットサイエンス部「TEPIAチャレンジ助成事業2016」に採択
学院創立130周年ロゴマーク決定

2016 1 9 大手前中学チアダンズ部「ダンスドリルウィンターカップ2016」入賞

2 14 ガンバ大阪とのインターンシッププログラム開始
3 31 地域文化創造機構「連携考房 童子」閉室
3 31 大阪城スクエア閉鎖
4 国際教養学部「英語コミュニケーション学科」を「国際教養学科」に変更
4 社会学部改組
4 1 組織改革地域文化総合機構、総合教育研究推進機構、教育開発機構、一貫連携教育機構を廃止。「北摂総合研究所」、「教育開発センター」設立。一貫連携教育研究所、学院志研究室を大学附置に変更。「周年事業推進オフィス」、「IR推進オフィス」・「教育企画課」、「アサーティブ課」、「研究・社会連携部」、「一貫連携教育部」設置
5 29 追手門学院大学創立50周年記念式典
7 「アサーティブシンポジウム」開催
7 2 大学創立50周年記念祝賀会開催
7 28 大手前中学チアダンズ部「ダンスドリル選手権大会」POM部門優勝
9 大学「キャリアアクションコモンズ」開設

2017
3 入試5年連続志願者数増
3 宇治市と連携協定締結
3 新キャンパス基本設計終了
3 大手前中学チアダンズ部「ダンスドリルチームインターナショナルin USA 2017」出場

3 31 坂井東洋男学長退任
4 1 川原俊明学長就任
4 大学「キャリア開発センター」発足
4 大学「外国語教育室」開設
4 大学「ライティングセンター」開設
4 心理学部博士後期課程開設
4 国際教養学部「アジア学科」を「国際日本学科」に変更
7 小学校「東館惜別会」開催
7 和歌山県と就職支援協定締結
7 「大学ランキング2018」ランクイン
10 「授業見学ウィーク」開催
10 「新キャンパス起工式」
10 韓国・光州大学との「交換留学協定」締結
10 「経営・経済研究科」開設
10 「将軍山祭」の再生
10 4 「毎日放送と包括的連携協定」締結
11 滋賀県と「就職協定」締結
12 新しい学友会「追風」誕生

大学・改革・笑い学
―学長・坂井東洋男の大学活性論

2018年4月30日初版発行

編　者　坂井東洋男
　　　　追手門学院大学　編纂委員会

発行所　追手門学院大学出版会
〒567-8502
大阪府茨木市西安威2-1-15
電話（072）641-9723
http://www.otemon.ac.jp/

発売所　丸善出版株式会社
〒101-0051
東京都千代田区神田神保町2-17
電話（03）3512-3256
https://www.maruzen-publishing.co.jp/

編集・制作協力　丸善雄松堂株式会社

組版／株式会社明昌堂
印刷・製本／大日本印刷株式会社
ISBN　978-4-907574-19-2　C0037